ちくま新書

韓国の変化 日本の選択

——外交官が見た日韓のズレ

道上尚史
Michigami Hisashi

1679

韓国の変化　日本の選択——外交官が見た日韓のズレ【目次】

はじめに

†さま変わりする韓国

私は外務省に入った翌年の一九八四年から二年間、韓国語研修のため韓国で暮らした。その後二〇二一年まで、韓国で五回計一二年勤務した。

外交の前線にいて感じることだが、日韓の認識ギャップは、ほとんどの日本の方が思うより大きい。そのこともお話ししたい。同時に、韓国の今の日本観だけを見て煮詰まるのでなく、やや長い時間で、少し引いたアングルで大きな像をとらえたほうがいいと強く感じる。韓国の三〇年来の発展の中で、彼らは自国をどうとらえ、日本に対しどういう心理でいるのか、その変化を分析してみたい。それでこそ相手を理解でき、日本からも効果的な主張をしやすくなる。「韓国はいったいなぜこうなったのか？　理解できない」という方々に、本書がヒントを提供できれば幸いである。

一九八〇年代半ばの韓国には、職のない若い男たちが昼間から路上で賭け事に興じる、よくある途上国の風景があった。スパゲティと注文して出てきたのは細いうどんだった。メロンの現物を知る人は少なく、「犬はうまいぞ、日本人は味を知らないんだな」と得意げだった。働く女性への差別、そして障害のある人や黒人への冷たい目線は、日本の感覚からすれば驚くべきものだった。ルール無視を堂々と語り、「大丈夫。日本人は几帳面すぎていかん」と笑っていた。

しかし、今の韓国はさま変わりだ。

ソウルや釜山《プサン》では、四〇階以上のタワーマンションが林立する。シネコン、スパ、ゴルフ練習場が入った、日本にはない巨大なデパート（百貨店）がある。コンビニもコーヒー店も東京より多い。多種類の香り高いコーヒーが詳しい説明付きで提供され、値段は日本より高い。環境問題への意識は高まったし、人気タレントがテレビでアフリカ難民への関心を熱く語っていた。女性の地位は上がり、職場での活躍がめざましい。大卒二〇代後半では、女子のほうが男子より平均給与が高く、これは兵役がある男子への差別だとの不満が男子からあがっている。

大卒初任給は日本より韓国のほうが高い。日本にわたって就職した韓国人の不満は、日本は物価も安いが給料も安いことだ。コロナ下では社会の「同調圧力」が日本より強かった。かつて韓国はマスクをあまりしない国だったが、今回、電車やバスの中で老若男女ほぼ一〇〇パーセントが、マスクを着用していた。オフィスビルや食堂やパン屋に入る際の体温測定や身分証のチェックを厭《いと》う人は見たことがない。ルールにきわめて従順になった。

†日韓の大きなギャップ

本章第1～3章で、韓国社会および日本観の特徴と変化を詳しく紹介する。

韓国人の日本観は、例えばこのような心理だ。

「八〇年代まで韓国は弱小国、日本は強国で、日本に不必要に譲歩した。今や韓国は強くなり日本に堂々とノーと言える」

「寿司、居酒屋、日本観光が好き。三、四〇年前のような盲目的反日ではなく、コンプレックスもない。ビジネス、国際化等の面で日本を抜いた。日韓はよい時代になった」

「かつては四強（米露中日という大国）に韓国が囲まれる構図だった。今は米中二強対立の中で、韓日というミドルパワー二国がライバル関係にある」

以上は、保守・進歩の差を超えほぼ共通に見られる。ちなみに韓国の保守と進歩は日本より先鋭な対立があり、かつ拮抗している（二〇二二年三月の大統領選挙でも、有力二候補の得票率は四八・五六パーセントと四七・八三パーセントだった）。保守は国の安全保障や経済発展を、進歩は弱者への配慮や北との対話を重視している。

本書では、個々の外交懸案でなく、その底にある韓国特有の発想、社会心理に着目してみた。政官の要人、経済界、学者だけでなく学生や若い市民の声も紹介し、読者が皮膚で韓国を感じていただけるよう努めた。また、「安保意識の日韓〈逆転〉と北朝鮮」、「歴史の問題」、「中国と韓国」、「ビジネス」、「若者の日本観と北朝鮮」、「保守・儒教と国際性の併存」等の切り口を加え、幅広い理解を試みた。

日本国民の多くが韓国に失望し、韓国の信頼度が大きく落ちた事実がある。そのことを、韓国は知らないか、深刻に受け止めないことが多かった。「日本の重要度は大幅に低下し、あまり関心を払わなくてよい」との心理が働き、また「我々は道徳的に日本より優位」、「韓国は日本を何でも知っており、日本は韓国を何も知らない」との思いがあるため、韓国が日本からどう見えているかを知るのは、ごく一握りだ。だが、日韓には、それだけでない、もどかしい構図がある。

「大丈夫、心配ない。これは一時的な現象。すぐ元に戻る」と説く事情通が両国にいる。韓国では、「嫌韓などごく一部の右翼の策動。日本人は今も韓国を好き。日韓には何の問題もない」と見る人が少なくない。「銅像とか細かいことに日本は腹を立てないで。韓国人は関心がない。心配ないですよ、ハハ」という向きもいる。

かたや日本では、「日米同盟、米韓同盟という外交安保の基盤があるから」、「日韓には分厚い市民交流があるから」大丈夫だという見方がある。

――さまざまな立場からの「まあ大丈夫」論、「根拠なき楽観論」だ。悪意はないとしても古い理解であり、日韓の構造的変化に目を向けていない。

「根拠なき楽観論」のほか、「積極無視論」もある。韓国では「日本との関係を改善する努力は必要ない」という発想が一部にかいま見える。日本では「何を言ってもムダ。韓国自身が目を覚ますまで待つほかない」という声が増えている。内実は全然違うが、放っておこうという点で共通している。以上、非常に厄介な状況だ。

昨今の韓国は、常識ある日本人の理解を超えた面があり、困惑もする。しかし本書では、根拠なき楽観も無視も、日本にとって最善策でないと考える。また、韓国を見る日本側の課題、盲点も指摘する。

今年五月に就任した尹錫悦《ユンソンニョル》大統領は、日韓関係改善の意欲を示している。若年層では時に、反日より反中の声が多く出る場合もある。こういう新しい面も紹介したい。

†日本が進むべき道

ここまでは韓国ないし日韓関係の話であった。

本書の後半（第4〜5章）では、日中韓という三国に話を広げ、「国力、グローバル化、行政、世論」に焦点を当てる。日本が活力を取り戻すにはどうすればよいか、また、「腹立たしい中韓」に対しどういうスタンスで臨むのが日本の利益にかなうかを考えたい。

二〇一九年から私は日中韓協力事務局という国際機関で勤務し、「日本の前を行く中韓」を多く観察した。彼らの躍進の秘密は何か。

中韓両国の行政能力強化は日進月歩で、経済発展、人材育成、技術発展、海外進出のエンジンになっている。中韓の世論は「グローバル化」「国家、行政」について、強力な推進を求める。日本とは反対と言ってよい。政府部門だけではなく、ビジネス、大学、文化等「民間」においても、「日本の前を行く中韓」が目についた。

かつて（今世紀初頭まで）は、「最先端を行く日本が、アジア等途上国を圧迫している」「日本はグローバル化に適応しすぎた」という、傲慢《ごうまん》に一部良心をミックスしたような、当時すでに時代遅れの認識があった。

その後「アジアへの圧迫」との視点は後退し、中韓への憤懣《ふんまん》が台頭した。相対的な国力が低下し中韓の追い上げを受け、日本は心の痛みを抱えている。かたやグローバル化への反発に、かたや中韓への嫌悪感に単純に向かう心理傾向がある。

二〇世紀型国家として成功した日本は、二一世紀型国家システムへの脱皮が遅れているのではなかろうか。

資源、市場規模、技術どれか一つだけで「勝つ」国はなく、世界各国入り乱れた接戦を展開している。その中で、日本はワン・オブ・ゼムだということがぴんと来ない。「中韓のように目の色変えてあくせくする必要はない、日本は世界最先端が保証されている」というのだろうか。「自分たちは、世界の多くの国との関係の中で生きている」という感覚が、日本はかつてよりも薄れてしまったのでないか。

外交面で中韓に憤慨するあまり、ビジネスや行政やグローバル人材育成についての彼らのすさまじい努力から目を背けてはいないか。であれば、外交以外の面での日本の羅針盤が少しずれてしまう。

日本は、外交・安保で中韓にしっかり発信しつつ、「無視」でなく、「中韓はでたらめとモノマネ」と決めつけるのでもなく、アンテナを高く張り、彼らの動向を注視したほうがよい。

私たちに必要なのは、隣国に唾《つば》することでも、筋を曲げた融和でもない。足して二で割ることでもない。しっかり把握し主張・発信すること、世界の潮流に背を向けず彼我《ひが》をよく見、積極的に動くこと。その方向で、あるべき日本の選択を考えてみたい。

本書で意見にわたるところはすべて私の個人的見解であり、日本国政府ないし外務省の立場ではない。

第 1 章
韓国社会の変化

1998年10月8日、首脳会談を前に握手する小渕恵三首相(当時、左)と韓国の金大中大統領(当時、右)。東京の迎賓館。(写真提供:共同通信イメージズ)

1　一九八〇年代の韓国

†一九八〇年代韓国の日本観

一九八四年夏、外務省の語学研修により、私は韓国で暮らし始めた。当時日本の新聞やテレビを通じた韓国の印象は、「軍部独裁、学生デモ、拷問、貧困」という重苦しいものだった。しかし現実の韓国は「漢江《ハンガン》の奇跡」といわれる経済成長の盛りで、明るくたくましい姿が目についた。市場や商店街という庶民生活で、人は表情豊かでよく笑っていた。友人への手紙で「韓国人は日本人より明るい」と書いたのを覚えている。

下宿近くの延世《ヨンセ》大学でもデモはよく見た（時には警察の催涙弾も飛んでいた）が、同じキャンパスから冬にはスキーバスが出ていくのには驚いた。日本と同じ、はなやかなスキーウエアの男女学生たちだった。夏に雪嶽山《ソラクサン》へ行くと、広大な渓谷いっぱいに美しい色とりどりのテントが広がっていた。まだ貧困は残るものの、韓国はすでに大衆レジャー時代に入っていたのだ。「明るくたくましい」、「レジャー時代」というのは、当時の日本における一般的な韓国観を大きく逸脱したものであった。今もそうだが、メディアでは外国の実相はわからないものだ。

当時の韓国の日本観についていえば、新聞には時に、「日本の対韓貿易黒字は日本の搾取」という無茶苦茶な論もあったが、一般庶民も識者も、二〇代の私に語りかける人は、日本について肯定的な話が多かった。

下宿近くの小さな食料雑貨店の五〇代くらいの女性は、「日本人は自分の利益よりまわりを優先する、水準の高い国民だ」「日本の天皇陛下は、国民のことを何より先に考える、慈悲深い方だと聞いている」と私に話した。

ソウル大学外交学科修士課程で学んでいたときの話を二つ紹介したい。

ある日、他学科の教授が日本について「特別講義」をするから行こうと友人に誘われた。この老教授はまず、「日本などもうよく知っている、勉強する必要がないと（我々韓国人は）思っているが、それは大きな錯覚だ」と指摘された。ついで、「実は韓国人は日本をよく知らない。我々が知っている日本と本当の日本には差がある。ほかの国のほうが韓国よりも日本のことを知っていると思っていい。君たち学生は、日本をよく知らないということから出発して、しっかり勉強してほしい」と述べられた。教授が指摘する韓国のその傾向は私も感じていただけに、核心を突く率直な発言に感銘を受けた。

もう一つ。友人が、「以前学生運動の幹部で、今は印刷工場で働きながら地下運動をしている先輩がいる。一緒に会いに行こう」と言うので、キャンパスからそう遠くない印刷工場についていった。三〇代半ばくらいのその先輩は「極左」思想の持ち主だったはずだが、社会の矛盾や不満を語るのでなく、日本を批判するのでもなかった。

日本人に会うのが珍しかったせいか、もっぱら日本称賛の話であった。「飯を食って、我々韓国人なら、はーうまいと言って終わりだ。日本人は違う。なぜこれはうまいのか、調理法がちがうのか、食材は何を使っているのか、徹底して研究し次の進歩につなげる。日本の発展の基礎にはこれがある」。

韓国研修の二年間、まずは韓国語ということばの面白さに魅せられた。ソウルにきて三カ月目、初めてラジオを聞き取れた日の感動は今も覚えている。英語の勉強では、辞書を引いても単語を覚えられないことがあったが、韓国語は違う。一度学ぶと忘れることはない。漢字語の場合、習っていない単語を初めて耳にして推測できることがあり、その推測は外れていない。学校で「トソグァン」と聞けば図書館だ。野球放送で「ユーギョクス」「サムグーサムジン」は、遊撃手（ショート）、三球三振だ。

高速道路、調味料、約束、市民、余裕、計算、無理、酸素、詐欺・賭博などはそのまま発音すれば同じ意味で通じる。草の芽が「スクスク」伸びる、幼児の食事は「マンマ」だと知った時は驚いた。日本でいう「てにをは」があって、「私は社長です」と「私が社長です」の区別があり、しかも「が」は、（少なからぬ場合に）韓国でも「が」と言う。

下宿や近所の人だけでなく、ソウル大学修士課程の友人も親切で、風邪で休むと心配して電話がかかってきたし、登山をはじめ私をあちこちに連れて行ってくれた。一人でふらっと旅行に出かけることもあった。毎日なにか発見があり、濃厚で面白い日々だった。

二年の韓国研修に次いで私は米国ハーバード大に一年間在籍し、修士課程を終えた。ある日、韓国の国連大使が講演に来られた。英語で講演をされたその大使に、私は挨拶に行き、日本の外交官で韓国を学んでいる者だと自己紹介した。大使は励ましのことばの後、急に、「石川啄木を知っているでしょう」と言われた。

「働けど働けどなお、わが暮らし楽にならざり、じっと手を見る」と、有名な短歌を日本語で口にされた。以下は韓国語で、「生活が苦しいのはどの国にもあることでしょう。でもそこからが違う。韓国人ならやけ酒を飲んで、会社が悪い社会が悪いとだれかを非難する。日本の方々は内省的だ。だれかを批判するのでなく、自分を見つめ黙々と自分の仕事に励む。我々にない、日本のりっぱなところです」

一九八〇年代半ばの韓国は、私が知る限りこのようであった。館員として業務についていれば、非合理な「反日」という姿に接した可能性は十分あるが、当時の私自身の体験をありのまま過不足なく書いてみた。

「昔自分は日本の〇〇に住んでいた」「父は当時日本で働いていたそうです」等、日本の植民地支配に話が及びそうなこともあったが、世代や階層を問わず、過去をどうこう言うこと、日本からひどい目にあったという話は、できるだけ避けようとする気配を感じた。先述の雑貨店も地下運動家も国連大使も、日本人について、親や年長の親戚・知人から聞いていた中から、肯定的な話を選んで私に伝えたのだと思われる。

今考えると、彼らはこちらの様子を見ていたのかもしれない。こちらが歴史の重みをわきまえない、真面目さの欠けた態度であれば、「日本国の外交官としていかがなものか」と思ったかもしれない。私は、大学卒業まで韓国のことばも歴史も学んでいなかったが、外交官となり、古代では知識や技術を伝えてくれた歴史を、近代では日本との負の歴史を（実際は複雑だが）勉強している時期であった。日本人は韓国にもっと関心を向けたほうがいい、韓国の誇りを傷つけ乱暴な行為もあった。そういう歴史を知ったほうがいいと考え、日本の人にそう話した。

現在の私が日本に向かって韓国を語る場合も、その姿勢は根っこに残っている。一番に強調するのは、今はその点ではないのだが。

韓国研修の後半から米国研修にかけて、韓国側の事実認識や対日姿勢に誤解や恣意が多いことにも気づいた。日本の一部メディアや「識者」がそれを助長したり、韓国の誤解に日本がきちんと発信していない構図が見えた。歴史の問題に日本が誠実であれば日韓がうまくいくわけではない、政府当局間の狭い意味の「外交」にとどまらず、総合的な分析と取り組みが必要だと痛感した。

夢中で韓国語を勉強したこともあって、その後三〇歳前で総理・外務大臣の通訳を務めた。韓国という重要な国に携わっているのだとの自負と相まって、とても誇らしく思ったものだ。

†一九八〇年代の韓国社会

初めて韓国に来た一九八四年当時、強く印象に残ったことが二つある。

一つは、前述した「韓国は明るくたくましい」ということ、もう一つは、「こんなに差別社会なのか」ということであった。

職業差別、男女差別に驚いた。たとえば、街で苦労してリヤカーを引くおじいさんを見る目が、韓国はちがうのだ。若く元気な学生も、駆け寄って押してやる気配などなく、あの人は自分たち大学生とは別種類の人だ、無関心を貫くのだという妙な意思を感じた。「一線を引き、関わらないでおく」という様子だった。

飲み屋の女性への、障害を持つ人への、ソウル大学構内ですれ違う黒人留学生への、韓国社会の冷たい目に驚いた。日本とは大きな差があった。銀行や会社で「受付には、見かけのいい若い女性を配置する」と堂々と、当然のように話していた。

その少し後、日本の市民運動家から聞いたのだが、韓国の市民運動幹部が、「日本がいやなのは、普通の人と同じように列に並ぶことだ」と言ったという。日本側は、「そういう特権意識や特別待遇こそ、我々市民運動がなくそうと努めていることなのに。彼女は名門の出身らしいが、韓国とはいったいどんな国なんですか?」と私に質問を向けた。

儒教の良くない面が色濃く残っていると感じた。差別であり、権威主義的な発想であった。

2 世紀の変わり目——合理的な日本観と金大中大統領

†二〇〇〇年前後——建設的・合理的な日本観が浮上

さて少し時間が飛んで、一九九八年から二〇〇二年頃、韓国に新しい日本観が育ちつつあったことは重要だ。

大きな契機になったのは一九九八年の金大中《キムデジュン》大統領訪日であり、小渕総理—金大統領という首脳が結んだ日韓パートナーシップ宣言であった。これが「日韓新時代」を切り開いた。

金大統領は日本の国会演説で、「ＩＭＦ金融危機で日本はどの国よりも多大の協力をしてくれた。心から感謝する」と述べた。この大統領訪日は、私を含む多くの日本人にとって非常に新鮮で、感銘を受けた。

日本を理性的・建設的に見て、感謝すべきは感謝して、韓国の国益における日本の重要性を深く理解する国家指導者がついに登場した、今後日韓は信頼と協力の関係を持てるだろうと期待した。大統領は、国内の反対を押し切って日本文化「開放」を推進した。これが『Love Letter』をはじめとする日本映画ブーム、日本文化ブームになった。さらにそれを受けて、日本で「韓流」ドラマ、映画、音楽のブームが始まった。

上記「パートナーシップ宣言」の最大の特徴は、互いに相手国を評価しそれを文書に盛り込んでいることだ。韓国は、戦後日本の平和国家としての役割、日本の国連での役割、歴史問題への日本の立場をいずれも評価した。

さて、当時、韓国の多くの方から次のような話をよく聞いた。「日本は韓国を誤解しないでほしい。韓国はもう、〈反日が愛国〉という反抗期の少年のような国ではない。成熟した社会だ。私たちは日本を客観的合理的に見るし、建設的な関係を築ける」「日本は歴史を反省していない、謝っていないなどと事実に反することを韓国が言いつのることはもうない」

ちょうどその頃、韓国を代表する私立大学で学生運動幹部だった青年から手紙を受け取った。

「韓国は、保守・進歩を超え、民族主義が常に主流です。それが非理性的に膨張するのは、日本に対してです。韓国人にとって日本との関係は〈善と悪〉です。相当に合理的な人も、日本が関係することについては合理的である必要がないという姿勢です。韓国人にとって日本は、韓国を成熟させない口実でした。これが韓国人の日本観の現実です」――冷静で鋭い自省だった。

ちなみにこの時期（二〇世紀末）、韓国の進歩派には、自国のナショナリズムへの鋭い批判があったとの印象を私は持っている。左翼というよりもっと「左」のNGOを訪問した時、「独島《ドクト》（ママ：竹島のこと）は我が国の領土だと思う。しかし、初めから結論ありきで分析や議論を排除し、日本の主張を頭から無視し非難するようなナショナリズムには反対だ」と述べていた。

この時期にあった理性的な日本観と自省が、近年は残念ながら大きく後退したように思える。

ここでご参考までに、金大中大統領の当時の逸話を少しご紹介しよう。

大統領本人の前で、日本文化「開放」の是非を議論する会議に参加した人の話だ。会議ではそれまで全員が「慎重論・時期尚早論」だった。その後大統領の片腕として日韓文化交流を推進した識者もそうだった。ここで、東京の大学の博士課程で勉強していた若い女性が口を開いた。「自分は日本に一〇年近く住んでいるが、大学で差別待遇を受けたことは一度もない。日本の社会や文化から学ぶことは多い」「日本の映画やドラマが入っても、我が国の文化が席巻されるとは思わない。韓国の国民と文化は十分に水準が高く、日本の良いところを受け入れることができる」。大統領は「その意見が正しいと考えます」と述べ、方向が決まった。

「進歩派大統領ゆえに、日本重視が可能なのだ」との見方が当時からあった。日本重視を唱え対日関係改善を進めれば、普通なら国内で不人気になるのに、リスクを押し切って実施した。それは、本人の長年の所信の産物であったと同時に、就任後間もなく政治基盤が強かったこと、また保守でなく進歩の大統領だったゆえに可能だったという見方だ。私もうなずく。

保守派であれば、もともと安全保障や経済で日本重視であるため、「親日！」(裏切者、国賊という強い否定のニュアンス）批判を真っ向から浴びたはず。その負担の小さい進歩派ゆえ、かえって果敢な判断が可能だったというわけだ。

「進歩派ゆえに、経済危機克服も対日関係改善も可能だった。国民がついてきた」面があったと私も思う。

韓国は、一九九七年末から未曾有の経済危機で、IMF管理下に入った。起亜《キア》自動車が倒産、第二の財閥であった大宇《テウ》グループが負債を抱え解体、現代《ヒュンダイ》グループはIMFにより再編成、名門第一銀行は米企業に買収された。多数のリストラ、失業を生んだ。大企業でなく労働者、労組の支持で当選した大統領ゆえ、国民が耐え、大混乱なくこの危機を乗り越えたといえる。

さて、金大中大統領についてもう二点記す。

金大統領は日本の訪韓団を前にこう述べたことがある。

「相手を非難するよりも、まず自分を反省することから始め、未来を語りましょう。日本は近代化がうまくいき日清・日露戦争に勝ち、短期間で強くなりすぎた。だからおごりが生じてしまった。韓国は、宮廷や貴族が贅沢と権力闘争に明け暮れ、自国を護れない弱い国になってしまった」

当時も韓国では、日本に「さらなる謝罪」を求める声が少なくなかったが、大統領はこう述べたのだ。「悪い日本に侵略された」と要約するだけの風潮と距離を置き、「自分たちの側にも原因があった」という。その点に限っていえば、往年の朴正熙《パクチヨンヒ》大統領にも通じる発想だ。

もう一つ。中国の江沢民《こうたくみん》総書記が訪韓し、金大統領に対し（日本に対する）「歴史問題での中韓連携」を提案したが、大統領は「賢明な策とは言えない」と、乗らなかった。

その後、新聞でも報道されたので記しておく。以上二つ、今の韓国ならどうだろうか、と韓国勤務時（二〇一一～二一年）の私はよく思った。

3　韓国の時代感覚と外国観

かつて（一九九〇年代初め頃まで）の日韓関係は次のようなものだった。産業技術、法律・行政制度、学問、ファッション等について韓国が日本を懸命にリサーチし、日本に学ぶ。外交では韓国が日本に注文を突きつける。日本の対応が不十分だと韓国が憤慨する。

しかし、韓国はめざましく発展した。ビジネスも行政も文化も、かつてのように日本に依存し何でも日本から学ぶわけではない。ビジネスも「韓流」文化も自信をつけている。韓国が日本との懸案事項に頭を悩ませることが減り、逆に日本が韓国にいら立つことが増えた。

韓国の日本観の変化の根っこには当然、韓国人の心理、時代感覚があり、韓国社会の変化がある。日本が韓国との接し方や対韓外交を考えるとき、これらを知っているほうがよい。ここから、韓国社会についての韓国の方の肉声と私の分析をご紹介していきたい。

†若い世代が語る韓国社会

まず、韓国の大学院生（二〇代後半）と三〇代の若手会社員計五人が、今の韓国社会について語ってくれた。子供の頃日本で過ごした人も一人含まれる。

――ぼくらは豊かな社会で両親から王子様お姫様のように大事に育てられ、六、七歳からピアノや英語を習っている。一流大学に行く者ももちろんいる。だが家から一歩外に出るとほとんどが「弱者、敗者」である。そのギャップは耐えがたいほど大きい。大学卒に見合った就職ができず、アルバイトで食いつなぐがろくな給料はもらえない。それでも皆スマートフォンを持ちスターバックスで高いコーヒーを飲み、ランチに一万ウォン（約一〇〇〇円）払う。携帯やパソコンで「既得権益層をたたく」ネットに没頭する者も多い。

――親が自分を犠牲にして懸命に我々を育ててくれたが、期待を受けた自分たちは、親のような右肩上がりの人生を送れないことははっきりしている。社会が勢いよく回転する中で振り落とされるのではないか、自分の人生はどうなるのかという心配と焦りがある。韓国の経済パフォーマンスは世界の中で例外的に良い方だという「知識」は持つが、まったく実感できない。競争は熾烈で、弱肉強食で、非常にきつい社会だ。

――小学四年で習い事は三つ、週一〇回。小中高を通じ日本とは比較にならない圧力で勉強を課される。ようやく大学に入ってもよい就職のための「スペック」（英語、ボランティア、海外での活動など）の点数獲得に追われる。就職が決まったらもう疲労困憊《こんぱい》して、クリエイティビティーは枯渇している。受け身、指示待ち、周りの顔色をうかがうことが多い。

――嫌いな国の第一位は相変わらず日本だが、二〇代では中国が日本を抑えて一位という新聞調査があった。中国は、乱暴でマナーが悪い、文化水準が低い遅れた国とのイメージが強く、内心では見下している。日本より重要な、影響力の大きな国という点では異論がないのだが。

――日本については、東日本大震災・原発事故のはるか前、おそらくは九〇年代末から、「存在感がない、重要度低下、政治的関心の対象でない」とのイメージ形成が少しずつ進み、定着した。ただ、日本を嫌って中国に傾いたかというと、そうでもない。韓国人としてのプライド、自負心が昔より強くなっている。「もう、外国からなめられる韓国ではないぞ」と思っている。

——古い反日や反米は今の時代にはあまりないと思う。日本文化はあまり存在感はないが、日常生活の目に見えないところに浸透している。若い人も中高年も、寿司が好きだし居酒屋に行く。自分の母親は近所のデパートで「日本歌謡カラオケ教室」に通っていたが、そういう教室が成り立つ国は、世界でも珍しいのでないか。

——高校で歴史の先生は「日本のやつ」と言っていた。ただ、中国についても「中国のやつ」だった。マラソン大会ではスタート前に「がんばろう！」「ファイト！」「独島（ママ）はわが領土！」と皆で叫んだ。元気づけ、景気づけだ。ぼくらにとっては「ファイト」と同様、自分たちにハッパをかけるかけ声だ。

†一九九〇年が境という時代感覚

現在の韓国人の社会意識、時代感覚について、一九九〇年頃を境に二分する発想が強いことを、知っておいて損はない。国内でも外交でも、一九九〇年以前はよくない、古い、克服されるべき「旧時代」、以降は進化・改善した「新時代」という区分だ。韓国の政治経済社会が発展してきたのはもちろんだ。しかし、あまりに一面的に〈悪と善〉に分けることで、副作用があるのではと思う。

一九九〇年代初めまでは元軍人による政治が主流で、民主化は遅れた。国家が強く民は弱く、上からの統制が強かった。経済的にも「漢江の奇跡」が八〇年代に注目されるようになったが、まだ貧しさが残る国だった。「フィリピンの支援を受けていたのですよ」と、年配の人からよく聞く。八〇年代半ばはまだ、メイド・イン・コリアといえば「安かろう悪かろう」との評価が多かったと、彼らは言う。

その後、政治も経済も目覚ましい発展をとげ、世界での評価を上げたのはまちがいない。大変な努力に私は心から敬意を表する。一九九七〜九八年の金融危機（韓国では「ＩＭＦ危機」と呼ぶ）で、大企業グループが解体され、名門銀行が外国に買収される等の苦難があったが、そう時を経ない二〇〇二年のサッカーワールドカップでは世界のベスト４に入り、「サッカーも四強、経済も四強」という威勢の良いスローガンがうまれた。

「経済も四強」は身の丈に合わないとは知りながら、短期間に国の「格」「国家ブランド」が急上昇したという高揚感が国民に広がった。その後も、国際機関の長を韓国人が何人も占めたとか、「韓流」がアジア各国やヨーロッパで人気が高いなど、めざましく国が躍進したという気分の良さがあった。安かろう悪かろうの時代ははるか昔、家電や半導体では日本の大企業を凌駕《りょうが》したとのプライドを持つようになった。

政治についても、民主化が進んだ。韓国人は特に「ろうそくデモ」（二〇一六年、朴槿恵《パククネ》大統領退陣を求めた大規模デモ・集会。ドイツ・エーベルト財団の「人権賞」受賞）をはじめ、大勢の市民の力で政治を変えたことを誇りにしている。「民主主義でも日本の前を行く」意識が一部にある。

前述のとおり、若い世代は、就職難、厳しすぎる競争、自殺等国内の社会矛盾に苦悩している。前述の高揚感を軸としつつ、不安定さを抱えブレが大きいのが実態だ。彼ら自身が「OECD加盟国中最高」と自嘲する高い自殺率が示すように、中高年も青少年も強いストレスにさらされている。

さて、国内だけでなく対外関係についても同じで、一九九〇年を境とし、それ以前に、米国や日本との関係で、「かつては弱小国だったから相手に力で押され、屈従を強いられてきた」との思いが非常に強い。

そして、そういう過去を克服した今の韓国は、「国力が伸びたので、外国に堂々とノーを言える。相手の事情に神経を使ったり外交儀礼に留意したり、もうそんなことはしなくてよい」という発想が一部で見られる。これが典型的に表れるのは、日本に対してである。

†よい関係を築こうという発想が後退

さて、「相手国にあれこれ神経を使わなくてよい」というのは、非常識かつ危険な発想であり、外交の基本にもとるものだと、お気づきの読者がおられよう。外交は相手のあるものだ。自国の思いどおりにならない、不自由なものだ。古今東西、国の大小を問わず、相手国がなぜそう主張するのか、理由や背景（経済的利害関係、思想対立等）を詳細にリサーチしなければ、外交は始まらない。

それによって、自分の対処方針を立てられる。ここを突けば相手の譲歩を引き出せるかもという急所が見つかる場合もある。立場が反するときも、相手の研究は綿密にやる必要がある。国際法や国際慣習についての調査も当然、外交のABCだ。

そのさらに「手前」の、外国の国旗、国歌、元首への敬意は、外交という専門分野を離れ、常識に属する。そこも、日本に対しては少なからず薄れてしまったことを、私は韓国の外交官との対話で感じる。中国より韓国のほうが危ういこともある。

今世紀に入っての経済発展、国際的活躍（国連、世界銀行のトップを韓国人が占めるなど）の中で、自負心と矜持が高まるのはよいのだが、「よい気分」がこうじて、あるべき線を越え、「自由に、やりたいようにやる」に近い発想になり、対外関係の基本をおろそかにする傾向が生じているとすれば、韓国自身によくない。リサーチや礼儀は屈辱ではないわけで、これをきちんとできないことは逆に自国の「国の格」を下げてしまう。

韓国に限ったことではないが、他国の把握・分析が後手に回り、「国内の世論、空気、メディア・コード」によって方針が左右されるとしたら、外交が客観性を失っていく。最善の針路を探る国の羅針盤にずれが生じているかもしれない。

韓国の知人が言っていた。近年の韓国では、日本と良い関係を築こう、両国関係をよい意味で「管理（マネージ）」しようとの発想があまり見られなくなったと。水面下の努力はあろうが、現実の施策に反映されない時期が長く続いた。普通なら、少しでも関係を改善させよう、安定させようとするのだが、見えるのは、日本関連ニュースについての即興的な反応、反発が大半だ。高度に発達した経済を持ち大学院卒がこれだけ多い国ながら、外国への姿勢、特に日本についてはこうなってしまう。

†韓国の外国観のあやうさ

近年の韓国の外国観のあやうさが外に現れたと感じたのは、昨年七月の東京オリンピック開会式を中継するMBCのテレビ放送だった。この放送が物議をかもし、国内そしていくつかの外国から抗議を受けた。各国選手団入場にあわせその国を短く紹介するのだが、ルーマニアはドラキュラのワンシーンを、ウクライナはチェルノブイリ原発事故の写真を用いた。マーシャル諸島を「米国のかつての核実験場」と紹介し、イタリアはピザの画像、ノルウェーはサーモンの画像を用いた。

ウソ偽りではなくても、オリンピック開会式という世界が注目する晴れの舞台にそぐわない、各国への揶揄《やゆ》だ、国際的な欠礼だという批判が内外から相次いだ。CNNやニューヨークタイムズも、「MBCは侮辱的な偏見を放送した」と批判した。MBCは、「オリンピック精神を傷つける放送。言い訳できない過失」として公式謝罪した。

これは、近年の韓国の外国観の危うさの縮図だと私は思う。外国への礼儀や配慮はいらない、我々はもう弱小国でないので、そんなことに神経を使う必要はない。国内それも仲間うちでふだんおしゃべりしているそのままを外向けに言っていいのだ、というところだ。私が知るかつての韓国には、そういうひとりよがりはなかったのだが。

そして、この傾向が最も強く出るのは、日本に対してだ。「没落し、もう重要ではない。外交で気を使うべき国ではない」「戦犯国家日本」「歴史を反省しない、慰安婦の問題を認めない」「独島（竹島）への領有権を主張するという帝国主義の残滓《ざんし》」といった表現が、政治家の発言やメディアで頻繁に用いられる。非礼というのを超え明白に事実に反する面があり、MBCの各国揶揄より悪質だ。

さて、このMBCの件で私が思い出したのは、二〇一三年、KBSテレビの朝七時のニュースで、キャスターが「安倍総理はうそつきです」と言い放ったことだ。キャスターによれば、安倍総理は、竹島を自国領と述べたこと、福島原発事故についての発言等いくつもうそを重ねたというのだ。大使館の同僚から連絡を受け、知人であったKBS副社長にすぐ指摘し、抗議した。ほどなく彼から謝罪があった。「申し訳ない。チェックが働いていなかった。上に相談せず、若いキャスターの一存で言ったのだが、考えられない発言をしてしまった」。何重にも問題のある放送だった。名門大学卒で若く見栄えが良いキャスターとして人気上昇中だったと聞く。

日本に対してのみならず米国への非礼もある。二〇一九年、ソウルの米国大使館前で「ハリス大使斬首集会」が開かれた。太平洋軍司令官という要職を経て駐韓大使になったハリー・ハリス氏である。事前に外交部が声明で自制を求めたが、ハリス大使の人形をさまざまにからかった上で、人形の首をはねるコンテストを行う予定であった。同年、駐韓米国大使公邸に学生らが侵入する事件が発生した。さかのぼって二〇一五年には、当時のリッパート大使が暴漢に襲われ、顔と腕に八〇針縫う重傷を負った。

さて、ここまで述べてきた「一九九〇年を境にして二分する感覚」について注釈すると、かつての韓国には、日本にはないような大きな「問題、矛盾」があったのは事実だ。政界と経済界の癒着、無実での有罪（中には死刑）判決もあった。それを国民が「否定すべき、恥ずかしい汚点」とみることは自然である。ただ、ユーフォーリアと言おうか、自らの成長発展に酔いやすい傾向がある。過度な単純化、評価すべき要素の否定、あげく昔より後退している面もあることに早く気づくのが、韓国の利益になると私は思う。

4　韓国社会の現在――儒教とグローバル競争の結合

†まわりに気をつかう、マネー志向

先に一九八〇～九〇年代の社会について紹介したが、その後、韓国社会には大きな変化があった。経済と社会の発展はめざましい。心から敬意を表したい。職業や男女、人種の差別意識は、目に見えるところでは少なくなった。日本の一部には誤解もあるが、韓国人は周囲の目をとても気にし、学歴や宗教、ときに出身地の話題には神経を使う。「差」「色分け」が現れるのを恐れるのだ。

ソウル大学卒のビジネスマンの知人は、初めて会った人たちとの間で出身大学が話題にならないか、いつもびくびくするそうだ。自分だけがソウル大卒だとわかると気まずいからだという。

もう一つの例。記者出身の知人から「毎月十数人集まって懇談会をする。道上さん、今度来て日本や中国の話をしてください」と声をかけられ、「いいですけど、参加者はどう

いう人たちですか。保守とか進歩とか？」と聞くと、一笑に付された。「いやそんな、政治が絡む話などしませんよ。考えの違いが出て気まずくなりますし」と。

「豊かな成熟社会」を物語る話なのだろうか。政治の「あるべき論」を熱く議論する、私の知る韓国でなくなったようで、物足りなさも感じた。いい意味での成熟社会というより、「金持ち喧嘩せず」、「人の顔色を見て波風立てない」、小市民的な大勢順応なのか。二〇年前、「成熟社会だから日本を合理的に見る。非理性的な感情はコントロールできる」と言っていた、その成熟とは違うような気がする。

さて、八〇年代と違い今の私は、高校生や大学生のホンネに接する機会があまりない。そこで、韓国の大学院で学んだ後、大学で教鞭をとり学生たちに日々接する日本人の先生方から話を聞いてみた。

――親の経済力と社会的地位で自分の人生（進学、就職、結婚）もほぼ決まるという思いを、学生は強く持っている。「親の経済力は別の話」が基本である日本とはちがう。決定論と絶望とあきらめがある。大人の世界では、不動産投機の情報、一流デパートやホテル、ゴルフ場等の大幅割引クーポン、海外留学・移住の具体的情報、政財界人脈やゴシップ……。これらが一部富裕層に集中していて情報格差が大きい。それと、子供の頃から外見の良し悪しを過剰に気にする。特に女子は日本の比ではない。
——大学で教え始めたとき、学生を一個人として尊重し丁寧に応対していたら、学科長から叱られた。強く指示・命令し、学生をこき使うくらいでないとだめだと言われた。幼い頃は家庭で、ついで学校、軍隊でと、支配・服従関係が日本より強い。大学の授業で〈両親が結婚に反対したら、あなたはどうします？〉という質問に、ほぼ全員が両親に従うと答えた。日本とはだいぶ違う。外見ではそういう古い体質には見えないんですよ。軍隊からもどって耳にピアスの穴をあけている男子がクラスに二人いて、彼女に言われてそうしたというんです。

「韓国のマネー志向、何でもカネカネという悪弊《あくへい》は、日本より強い」と嘆いたのは、国会議長まで務め引退した元政治家である。

韓国に住む日本ビジネスマン夫婦が言った。「韓国の友人も多く、仲良くしています。でも、息子が子供の頃から昆虫が好きで大学は生物学部。大学院に進んで昆虫を勉強すると言ったら、みな声をあげて笑うんです。虫だって、馬鹿じゃない。そんなのカネにならない、どこにも就職できないじゃないと」——ご夫人は憤慨していた。

なんでもカネという風潮、それで人を判断する傾向が、たしかに強いと思う。

私の見るところでは、勉強でもビジネスでも、目の前の目標に向かって集中力を発揮し達成する能力が韓国は高い。日本より高い場合もあると思う。しかし、中長期的なこと、目に見えないことは後回しだ。

日本人のノーベル賞受賞者が多く(二〇〇〇年以降二〇人)、韓国は科学部門でまだゼロなのも理由があると韓国の友人は言う。「科学の基礎研究は二〇年三〇年やっても成果が認められる保証はない。認められてもそれが生きているうちか死後かはわからない。カネや個人・組織の名誉ではできないことです。日本のように人類のため科学の発展のため、自分の損得でなくコツコツと励む姿勢が韓国にはまだ少ない。目端《めはし》が利いてしまう」のだと。

夫が韓国人、妻が日本人の夫婦はこう話した。「うちの子は、集団行動や勉強にうまく適応できなかったけれど、日本の小学校では先生の目が届いていた。一人ひとりケアしてくれた。韓国の小学校ではそんなケアはない。韓国の学校は、勉強のできる子のための場所だと感じた」

目に見える差別がずいぶん減ったと書いたが、水面下では、差別や格差、特権意識が色濃く残っている。どの国にもあるとはいえ、日本より深刻だ。

日本通の年配の識者によれば、「日本の江戸時代の士農工商より、朝鮮時代の身分差別のほうが厳しかった」という。儒教の影響がやはり大きい。先述の、八〇年代には日常的に見られた性別、職業、人種等による各種差別の根もそこにある。儒教によって出世意欲、向上心、勉強重視というドライブは日本より強く働くが、支配と差別と特権、剥奪感と怨《えん》嗟《さ》という要素は日本より強いと思われる。それを軽減すべく努力もしているのだが。

†世界で活躍する人材を――明確な教育指針

首都圏・京畿道《キョンギド》の高校教師の外国語教育研修会に招かれ、日本語の先生方の前で「日韓相互理解の課題」について話した。英語、中国語、日本語の先生方数百名が集まる全体会合をのぞく機会もあった。道の教育庁幹部が先生方にはっぱをかけていた。

「生徒に、君たちの活躍の舞台は大韓民国だけではない、世界だ、と伝えることが大事です。それが我が国の発展の道です。先生方の役割は非常に大きい」

世界に向かえ、大志を抱け。そのため外国語をしっかり勉強しよう、させようという、明確なメッセージだ。愛国心と国際性があふれている。私などは札幌農学校でのクラーク博士の「青年よ、大志を抱け」を想起した。

韓国は国内市場が小さい。「世界があってこそ韓国がある」「積極的な海外進出なしに、韓国は成り立たない」ことは、ビジネスマンや知識層に限らず、いわば老若男女の常識である。日本と比較にならない教育熱と外国留学・勤務熱がある。

生徒に世界で活躍するよう呼びかけるメッセージが、日本では可能なのだろうか。「世界？　いえ、日本はよい国だと思いますが……」という父兄が一人いれば、メッセージ発出はつぶれるのではないだろうか。

ソウルの有力私立大学の修士課程に招かれ講義をした。日本を学ぶ学生たちが、毎週最新版の『日本の論点』（文藝春秋）を読み、議論していた。政治、経済、外交、文化、世相あらゆる分野を網羅した論文集だ。読みこなす日本語力だけでもたいしたものだ。教授いわく、「学生たちは日本語もできるけど、英語はもっとできます。学部一年生でTOEIC九五〇点以上の子も大勢います」

サムスンに就職した男子学生はもともと英語が得意で、大学に入っても手を緩めず勉強し、留学経験はないがTOEICは九一〇点だった。「驚いたのですが、入社同期の中で最低でした。ちょっと鼻が高くなっていた自分が恥ずかしい」と言っていた。

TOEICという英語能力試験の受験者は日本と韓国に多い。どちらの国の書店でも参考書・問題集が多く並ぶが、平積みされている「売れ筋」のレベルが違う。日本は「TOEIC入門」「六〇〇点レベル」「七〇〇点を目指そう」。韓国では「八〇〇点」「九〇〇点突破」「九九〇点（満点）」あたりだ。

日韓両方の語学学校に通った日本の知人に聞いてみた。「八〇〇点手前の実力だったが、韓国のTOEIC講座に四ヵ月通ったら七〇点アップした。非常に実践的で効果的なプログラムだった。本番の問題と似たレベルの良問を山ほど解いて力がついた。日本の語学学校はいったい何だったのだろうと思った」由である。中学高校大学の英語学習量がまず違う。その上に語学学校も差がある。実は私も、日韓それぞれの語学学校を少しのぞいてみたことがある。

日本では、TOEICの試験形式に慣れる初歩的な問題で時間の大半を費やす。本番では出ないようなやさしい問題が大半で、誰もできないような難問を時折混ぜる。率直に言って問題練習の意味は薄い。

知人の外国語大学学長は、毎年夏休みにASEAN各国に出張していた。多くの卒業生が、まずは現地企業で数年働き、韓国・日本企業との関係も作り、つながりを生かして自分で起業する。英語・日本語に強いのに加え現地語も習得する。「ソウル大、延世大、高麗大などの一流大学卒は、大企業の派遣でASEANに行く。うちは単身現地に飛び込むのが多い。たくましいでしょう。彼らを励ましつつ、企業情報を収集します」と言う。日本にこういう大学長が何人いるだろうか。

†向上心が高いのは学生だけではない

韓国で向学心に富むのは一〇代や二〇代ばかりではない。大使館の仕事で地方都市に出張し、同行してくれたのは五〇代初めの市の部長と三〇歳前後の若手。二人とも週に二度夕方、各々大学院に通っていた。修士という学位を取りたい気持ちもあり、純粋にもっと幅広い知識を身につけたいからでもあると話していた。

釜山に移り住んだ日本人が、韓国の長所としてあげたのもこの点だ。「市場のおばちゃんと友達なんですが、この方は勉強したいからと四〇代半ばで大学に通いだした。韓国にはこういう話が多いですね」。

ソウルでも釜山でも、毎年高校生の日本語スピーチコンテストを行った。日本語がうまいのはもとより、内容も感心するものが多かった。一つ気づいたのは、外国・外国人の話題が多いことだった。日本のことは当然としても、ドイツの学者、アメリカのNGO、アフリカの女性、オランダの医師などが「学ぶべきモデル」として登場する。一部に「韓国がイチバン」という傲慢な風潮もあるが、韓国全体としては「外に学ぶ」健全な姿勢があると感じた。

日本でもかつて、自分たち世代が小中高校の頃はそうだった。学校の授業でも普段の会話でも、外国（おもに西洋）をモデル、手本とする話は今より格段に多かった。しかし昨今はそうではない。これは日本にとって好ましいことではないと思う。

†儒教とグローバリズムの結合

以上、韓国の「社会」の特徴を見てきた。日本と比べれば、権威主義的な区別・差別が根っこに残る中、世界に目が向き、熾烈《しれつ》な競争でストレスが強い弱肉強食の社会だ。競争という面に着目すれば、ヨーロッパ的というよりアメリカ的な社会といえる。

私が見るに、この根底にあるのは儒教とグローバリズムの結合だ。「熾烈な競争によって世界で発展」という発想の強さは日本の想像を超えている。国政選挙では日本同様、「成長と分配」が焦点であり、「分配、弱者への配慮」をどの政治家も強調するのだが、大きな格差、差別がある現実の中での調整だ。一九六〇年代にはすでに医療保険があり生活保護があり、中小企業支援や失業者への手当を整備してきた日本とは大きな差がある。そういう弱肉強食の「新自由主義的な」社会ゆえ、大学進学率は日本よりはるかに高く、ダイナミズムがあり海外も視野に入れた競争力が向上している、といえるのだろう。

私が会った地方の大学総長は、「国家に忠誠を、親に孝行を」と堂々と説く、日本ではありえないほど非常に保守的な方だった。だが、子と孫はほぼ全員が米国かヨーロッパの大学院卒で、孫の三分の一は韓国語ができないという。かつて外交部次官を務めた方も同じことを言っておられた。保守と国際、儒教と新自由主義を同時に体現しているようだ。

こういう方は非常に多い。「家族・親戚に一〇年以上外国で住んでいる人がいるか」と問えば、韓国は日本の一〇倍いや二〇倍の手があがるだろうと思われる。これは、韓国にとって大きなアドバンテージだ。グローバル化の時代に学術、ビジネス、文化どの方面でも、世界における韓国の力を伸ばしている。

外国に渡った後も日韓では大差がある。韓国のほうが学歴志向と上昇志向が強いし、自国とのつながりを長く維持する。英語中心で育つが小中高のうちに何度か韓国の親戚・友人の家で過ごし、習慣や価値観に慣れ言葉の勉強もする。大学時代に韓国に交換留学したり、卒業後いったん韓国で就職して数年後また国に戻る。このサイクルは、米国はじめ他国とのパイプを強化し、海外での韓国のプレゼンスを高め、韓国の実力アップと国際化に貢献している。

†コンプライアンス社会と同調圧力

韓国社会は変わったと私が肌で感じたのは、二〇二〇年のソウル、家の近くのコンビニでの小さなできごとだった。店に入ろうとすると一〇歳くらいの男の子が大声で泣きながら、真っ赤な顔で店を出ていくのだ。若い店員にどうしたのかと聞いた。

その子はお父さんに言われてタバコを買いに来たのだった。店員いわく、「そうだとわかってはいますが、規則で子供には売れないと答えました。頭の回る子だったようで、スマホでお父さんを呼び出し、私（店員）に説明するのです」。「でも同じことで、私は売れません。非難されるのは私ですから。ダメと言ったら、泣いて出ていったんです」と。

これは、一九八〇年代以来韓国で暮らしてきた私に大きなショックを与えるできごとだった。かつての韓国は「ケンチャナー」（かまわん、気にしない、大丈夫）という便利なことばで、ルールを気にしない、自分のやりたいようにやることを誇る国だった。臨機応変、融通無碍《むげ》を得意げに語る人も多く、「規則にとらわれるのは男がすたる」という発想だった。「まじめだけど、細かいことにこだわって融通が利かないのは日本のよくないところですね」とよく言われた。それが今の韓国は、このようなコンプライアンス社会なのだ。

新型コロナの感染拡大が始まった二〇二〇年二月の夜、私は町の語学学校で英語を勉強していた。建物に入るとき、体温とQRコードをチェックし、氏名等の書類記入を全受講者に求めていた。二〇代の学生も四〇〜六〇代の社会人受講生も、誰一人面倒がらずにおとなしく従っているのが印象的だった。私の知るかつての韓国なら、「毎日来てるんだ、おれの顔覚えてるだろう」と、書類など書かずに入ろうとする（「暴れる」）中高年が何人かきっといたはずだが。

豊かな社会となって人も角が取れ、ルールどおり、皆が周りの人と同じくするすると流れる。なんと従順なことか。

ここから先は私の想像も含むが、「邪悪な日本、帝国主義の残滓」「日本は過去を謝っていない。軍国主義が残っている。慰安婦がいたことを否定している」などというよくある誤解・偏見についても、それが社会の大勢だとして順応する人が多くなってしまったのではないだろうか。首をかしげても、ことを荒だてず受けいれるのではないか。

コロナ対策を現地で見た際にも、韓国は「同調圧力」がとても強い社会になっていると痛感した。これは後で述べることにする。

†変わらないこと――親切、近い距離感、勝ち馬に乗る

韓国社会の変わらない特徴を三つ書いてみる。

一つは、人が親切なこと。日本に住む外国人が口をそろえて日本人は親切だと言うし、私も同感だが、韓国人も親切だ。子供が小さい頃、アパート近くの公園でまわりの親子や行き交う人たちがよく話しかけてくれ、ものを教えてくれた。小さな子供がいると特に親切にしてくれる。

世界各国で生活体験がある日本人はこう言っていた。「イギリス人は、人種の平等には

神経を使うが、目の前の外国人家族には無関心だった。イタリア人は人なつっこく話しかけてくれるが、面倒なことには関わりたくない様子だった。韓国人はイタリア人に似ているが、より親身になってくれる。私もそう思う。

なお、「置き忘れたものがしばらくしてもそこにある。電車に忘れ物をしても戻ってくる」というのは日本のよいところだが、近年の韓国はそれに近い現象がある。

日韓比較で、「日本が世界の標準でない」ことを留意したほうがいいと思う。親切さや社会の規律について、日本は例外なのだ。韓国は世界の中で十分に高い水準だと思う。

二つ目は、友人間の距離感の近さ。隔意《かくい》なくつきあうし、悪く言えばお節介で人の領域にずんずん入ってくる。日本生活が長く韓国に来たばかりというアメリカ人女性の話が面白かったので、紹介しよう。

「日本でも韓国でも、女友達と一緒に買い物に行った。どの洋服を買うべきか迷って私が聞くと、日本の友達は、あなたがいいと思うものにしなさいと言う。韓国では、まだ親しくもないのに、あんたこの服絶対だめよ太って見えるとか、そんな靴やめなさいなどと、聞く前に言ってくる。日本人と韓国人は見た目は似ているのに、人の性質は正反対ですね」。

韓国のやり方は日本では顰蹙《ひんしゅく》。日本人は冷たいと韓国人は感じるだろう。

一九八〇年代の下宿時代、学生三、四人共同のシャワー兼トイレがあった。自分のシャンプーやせっけんの減りが早い。手元にある友人のものは構わず使うのが当然だったのだ。これは今では少し変わったと聞く。

三つ目。年長の知人の話だ。韓国の経済・社会を深く知り、日本通でもある識者だ。

「日本人は本を一〇冊読んでもよく知らないと言い、韓国人は一冊読んだだけで、すべて知っているかのように話す、と昔言われました。その差は今もある気がします。ただ、韓国でより深刻なのは、時々の空気や流行に要領よく合わせて勝ち馬に乗ってしまい、長期的な視点を持てないことです」

「日本の江戸時代の士農工商より、朝鮮時代の身分差別のほうが厳しかった。人を人でないかのように扱うことがあった。その前近代的な社会が色濃く残る中で日本の統治があり、一九四五年に「解放」を迎えた後、北が攻めてきて、いっときはわが韓国の大半を管理下に置いた。戦争中で色々な混乱がありましたが、今も象徴的に語られているのは〈腕章〉です。どこかの家で使い走りをしていた人が、北のなんとか委員会の腕章を付けて、権威と権力を体現して現れる。北にうまく取り入ったのでしょう。自分を見下しこき使った人たちをあごで使い、罰を与えた。それも長くは続かず、北の支配が終わると袋叩きにあったりしました。韓国は大きく発展したけど、この腕章は今も残っている気がします。目はしがきいて要領よく立ち回っているようだが、本当に事態にうまく対処しているのか、疑問もあります」

思い出すのが、釜山で見た選挙だ。釜山市議会は、保守と進歩の議席比率が九対一だったが、二〇一八年六月の地方選挙で、一対九に大逆転した。投票日は、史上初の米朝首脳会談（トランプ大統領とキム・ジョンウン委員長）の翌日であり、「勢いのある、有利そうな側にすばやくつく」発想が作用したと聞いた。なお、今年六月の地方選挙では元に戻り、九対一を超える保守の圧勝だった。

5　二冊の本

†韓国人の五つの類型

韓国の社会心理と日本観を理解するうえでカギとなる二冊の本を紹介したい。一部専門用語もあるが、今の韓国に脈々と流れる思想の系譜を理解するのに有用だと思う。

一冊目は、近隣国との関係の中で韓国近現代史を深く洞察した咸在鳳《ハムジェボン》『韓国人作り』（アサン書院、二〇一七年）だ。

著者は一九世紀後半からの百数十年を振り返りつつ、韓国人を五つの種類・系譜に分ける。「親中衛正斥邪《えいせいせきじゃ》派」、「親日開化派」、「親米キリスト教派」、「親ソ共産主義派」、「人種的民族主義派」だ。要点をかいつまんでみよう。

「衛正斥邪」は「正しきを衛《まも》り邪をしりぞける」という意味。この「親中衛正斥邪派」は、中国の朱子学的な世界観により、一九世紀後半の朝鮮に押し寄せたキリスト教および西洋と日本の影響を排斥しようとした。そのもとは、明が滅び清の世になっても清を「中華」とみなさずむしろ自国朝鮮を正義かつ優位と見る「小中華思想」と、強力な鎖国思想にあった。「正しきを衛り邪を斥ける」発想は、今も非常に強く残っている。

「親日開化派」は、明治維新後の日本のような富国強兵、文明強化策をとってこそ朝鮮が近代国家として発展できると考えた。朝鮮が五〇〇年従ってきた中国は見るほどのものがない後進国で、日本が先進国だと見た。日本の政治家、経済人、思想家と交流し朝鮮にも同様の急進改革を進めようとしたが、失敗した。

「親米キリスト教派」は、一九世紀末に米国宣教師が朝鮮で教育、医療、布教を行ったのが契機になった。上の二つ（親中、親日）の代替案をここに見ようとし、日本植民地時代には多くの人が米国に頼ろうとした。植民地時代にキリスト教徒であった人の多くは、米国を好み日本を嫌った。キリスト教を媒介にし米国に留学した人たちが、一九四八年に建国された大韓民国の主流社会を形成した。それは学界、病院、放送局、文化界にまで及ぶ。

「親ソ共産主義派」は、一九一七年のロシアでのボルシェビキ革命によって広がった。第一次大戦後、列強が被圧迫民族の独立を支援しなかったことに失望し、共産主義に転向した朝鮮の独立運動家や知識人は多かった。古い階層をなくし地主の土地を奪って貧しいものに分け与えるソ連は当時ユートピアに見え、その理念に魅了される者が少なくなかった。ソ連はまた、朝鮮の独立とソビエト建設を支援した。

最後が「人種的民族主義派」だ。

この分類について、私はまず「親日」が非難のレッテルでなく、親中、親米、親ソと同列に並んでいることに驚いた。近代史を多角的に分析しているし、特に「親日」が「開化」という肯定的な概念と結合して規定されていることが新鮮だった。これは、韓国の言論空間では容易なことではない。親ソ、親中を含めいずれも「一刀両断」でなく複合的観点から叙述している。この五つの分類は、韓国のダイナミックで起伏の多い近代史を理解するのに有効なツールだと思う。

同書の評価は高い。我々は何を間違って近代化に失敗したのか？——について、多様な政治・思想活動の試行錯誤を事実のまま叙述した画期的な作品だ、こんな近代史はなかったと、特に保守・中道で評価されている。韓国に自省の目を向けず、近代化失敗を「すべて日本の侵略のせい」とする風潮にチャレンジしていると知人は言う。民族主義左派にとっては「都合の悪い」本だの見方もあるらしい。

五つの分類が効果的だ。国内が四分五裂した混乱の背景であったと同時に、韓国社会はそういう多様性を持つのだとの観点も可能だ。李洪九《イホング》元国務総理は、新聞寄稿で本書を高く評価した。

インタビューで著者のハム氏は次のように答えている。

「親日、親米、親ソという用語はあえて使った。一〇〇年以上前の人の周辺国への理解と知識は、非常に真摯で切実なものだった。現在のほうが理解が皮相的かもしれない。当時の人たちの苦悩とニュアンスを知ったなら、今の尺度で「親日、親米、親ソ」と一言で非難することはできない」

「衛正斥邪思想は、反米と反資本主義を標榜する韓国左派の理念的基底となっている。……習近平主席がトランプ大統領に「韓国は中国の属国だ」と述べたというが、韓国では誰も中国大使館へ行ってデモをしない」

私は知人の紹介でハム氏にお会いした。「本には日本が関係する記述が多く、「親日」という批判がくる可能性がある。妻などはやめてほしいと言いました。でも事実を曲げたくなかった」。ハム氏は、一九八三年ラングーン爆弾テロ事件で殉職された咸秉春《ハムビョンチュン》大統領秘書室長のご子息である（現在は韓国学術研究院長）。

†左派のバイブル――「大韓民国は親日の国」

二冊目は一九七九年に刊行された『解放前後史』(全六巻)である。八〇年代を通して学生運動や左派のバイブルとされた本だ。著名なジャーナリストや在野民主運動家、思想家、「親日行為」研究者、政治学者、大学院生たちの論文集であり、当時の若い読者に決定的ともいえる影響を与えた。当時の読者というのは、いま政界思想界の中心で活躍する五〇〜六〇代の多くの人を含む。

建国以来大韓民国はどうであったか。一九四五年八月の「解放」以降、米軍政によっても植民地既得権勢力＝親日派が清算されず、政治の中心に居座った。李承晩大統領は米軍政および親日派(既得権勢力)の両方と結託した。軍も警察も司法も親日派が支配した。朴《パク》正煕《チョンヒ》大統領は日本軍の後裔《こうえい》だった。日本の傀儡《かいらい》国家だった満州国の協力者たちが支配層に入ってきた。経済は不正と蓄財だった――要は、大韓民国は一貫して親日派の国だという主張である。この本が、今日盛んな「反日フレームの体系化」の基盤になったとの見方が一般的だ。

同書の発売当時、若い読者は、教科書で習った反共闘士が日本軍に属したこと、著名な文人が親日派であったことに衝撃を受けたという。なお「親日派」は「背信者、国賊」に近い非常にネガティブな意味で用いられることが多い。

「親日派とその子孫が今も韓国で威張って暮らしている」こと、「売国勢力が愛国勢力に変装した」ことに絶望し、国家の正統性に疑問を持つ若者が少なくなかったという。

同書は発禁処分を受けもした。民族の正統性は、親日派を清算した北朝鮮（北韓）にあると考え、韓国の政治社会の主流は、米軍政と親日派が野合してできた、「清算」すべき積弊《せきへい》とみなしたからだ。

米国も認めない「李ライン」を一方的に設定し日本漁民を拿捕《だほ》した、反日の代表人物のようである李承晩。彼が親日という点だけでも首をかしげる。あえて想像すれば、どの国でも行政、警察、軍、司法等統治の基盤がないと一国の統治ができないわけで、日本時代の実務経験者を一掃すれば国家が運営できなかった。「親日」というのは無理なのだが、李承晩を非難するために、非難しやすい「日本」要素と結び付けた面があろう。

ここで韓国から離れ、想起する点を記す。サダム・フセイン政権崩壊後、国際テロ組織ISがイラクで跋扈《ばっこ》し勢力を築いた。当時、私の信頼するアラブ専門家の解説によれば、「フセイン憎しのあまり米国がミスを犯した。それまでの与党バース党に関連する人々を追放してしまった。フセインの手法に賛成の人ばかりが与党だったわけではなく、役所でも軍でも学校でも警察でも、有能で仕事のできる人の多くはバース党員だった。彼らの職を奪い野に放ってしまった。ここに権力の真空地帯ができＩＳが付け込んだ。職を失った有能な人の多くがＩＳに走ってしまった」という。

なお、保守系はじめ近年の多くの論者は、『解放前後史』の一面的な韓国史理解を批判しつつ、この発想を盧《ノ》武鉉《ムヒョン》、文在寅《ムンジェイン》両大統領等が色濃く持っていると指摘している。

知人は一笑に付した。「大韓民国が、植民地時代の親日既得権勢力に支配されているなんてとんでもない。誰だってわかること。韓国はどの国よりダイナミックだ。北から避難してきて粗末な小屋に住んでいた子供が徒《と》手空拳《しゅくうけん》で大統領にまでなったではないか。財閥も二、三世代さかのぼれば、名門でない、どこにでもある家から出発して財を築いた」と。

第 2 章

韓国の日本観
――2011～22 年

2018年5月1日の釜山。急進労組「民主労総」が、日本総領事館前に「労働者像」を設置しようとしている。韓国政府は「不法。許さず」としたが、民主労総はメーデーにデモ隊を繰り出して強行設置を試み、阻止する警察ともみあいになった。

（写真提供：YONHAP NEWS／アフロ）

1　ソウル――これは自分の知っている韓国ではない

†「日本がなぜ重要か、説明が難しい」

最近の韓国の日本観はどんなものであるか、本章で掘り下げて見ていきたい。最初の二節は私の勤務地ソウル・釜山《プサン》での体験をベースに、ほかの節ではテーマ別に述べていきたい。

八年前のソウルで会った、日本通の知人二人に登場願おう。

まず、日本をよく知る記者は次のように語った。

「韓国ほど日本を低く小さく見る国はない。世界で韓国だけが、日本の国力の大きさを知らない。新聞社の東京特派員をした自分は日本の底力、裾野の広さを知っているし、世界各国で日本への評価が高いことを知っているが、一般の韓国人はこれを知らない。日本人が言っても耳を傾けない」

「日本へのコンプレックスのため日本を実際以上に大きく高く見過ぎ日本に譲歩してきた。韓国は強くなったので屈辱を改めよう。今や自分たちは反日でなく、コンプレックスもなく、合理的な日本観だ――多くの人はこう思っており、こういう自己正当化の心理が働いている。でもこれは逆立ちした議論であって、かつて日本を過大評価したのでなく、現在の日本をことさらに過小評価しているのだ。その傾向自体が対日コンプレックスともいえる」

また、日本通の幹部外交官はこう語る。

「今世紀に入り、日中二つの隣国の重要さについて、日本は中国とは比較にならないということがコンセンサスになってしまった。保守・進歩や世代を超えた共通認識だ。中国嫌いの人でもこの点は同じだ」

「実は我々外交当局も、一般国民になぜ日本が重要かを説明するのは難しい。もっといえば、よい知恵がない。安保や自由民主という基本価値。ビジネスで相互依存が強い。社会問題で日本から学ぶことは今も多いと自分は思う。だが、日韓パートナーシップ宣言を策定した九〇年代とちがい、国民は耳を傾けず、アピールしない。韓国では、日本が重要だということが自明でないのが現実です」

「対中外交は不愉快なことが多いし、彼らから見ても韓国は厄介な国だが、韓国を取り込む作業を分厚く仕掛けてくる。文化、語学、政治家、経済人、メディア、官僚、学生等多岐にわたる人的交流を拡充している。かつて日本が得意としたソフトパワーだ」(「サード」配備で中韓関係が悪化する以前の発言)

この二つ目は、付き合いの長い、優秀で知的な外交官だ。韓国の立場から言わんとすることはわかるが、日本が改めれば日韓がうまくいくという話では全くなく、根本的な問題は韓国が抱えていると思う。ただ、「一般国民になぜ日本が重要かを説明するのは難しい」というのは、作り話ではなく、それが韓国の現実であった。

韓国では、「日本人はK-POPや韓国ドラマが好き」だとして、「日本人は韓国全体が好き。韓国を嫌うのはごく一部。日韓の対立についても、ホンネは韓国を支持している」と飛躍する人が少なくない。日本は中韓に抜かれたのが悔しくてますます停滞を深めている、との印象を持つ人もいる。

†「これは、自分の知っている韓国ではない」

二〇一四年、私は大使館で文化広報公使から総括公使になり、ほとんど政治マターを扱う日々になった。その頃の話だ。

日本の竹島領有主張に対し、外交部ステートメントに、（日本は）「帝国主義の亡霊」と非難する表現があった。週刊誌でなく政府の公式発表文がこのような表現を用いることに驚いた。国は違えど外交官として研鑽《けんさん》を重ねた先輩方から私は薫陶《くんとう》をうけてきたのだが、これは自分の中の古きよき韓国像が崩れる思いだった。

その後、日本の安倍総理と米国オバマ大統領が日米韓首脳会談を提案した。朴槿恵大統領の頃だ。本来の韓国なら、国益に沿う良い案としてすぐ賛成するところだが、国内で抵抗が強かった。メディアと一部世論が、「提案者に日本が入っている」ことに難色を示し、政治部門つまり青瓦台もこれに一時は引きずられた。会談は結局は実現に至るのだが、日本の提案に乗るのがイヤという感情的反発がここまで強いのか、外交安保の得失でなく、世論の反発にそこまで影響され流されてしまうのか、保守政権でも韓国はそうなのか、とため息が出た。韓国は変わってしまったと感じた。

外交は通常、自国の政策や方針を相手国に説明し、協議する。しかし韓国では、右の例のように、政策以前に、韓国独自の「日本観」ゆえに話が進まないことがある。やや特異なことだとしても、日本は平素から、正確で客観的な日本観の形成に意を用いることが求められる。

この時期、同じように「韓国は変わった」と感じた例を、他に二つあげよう。

ソウルの中堅私立大学で日本文化イベントを行った時、大学の副学長が開会あいさつでこう述べた。「中国との交流は素晴らしいと称賛し、日本との交流には顔をしかめる人が最近多い。誰が考えてもおかしいことだ。以前の大韓民国はこうでなかった」

政府高官が、ソウルにいる各国特派員たちを招いて、対外経済政策の説明会を行ったという。この高官は、韓国経済にとって日本の重要性が急速に低下したことを力説し、さらには経済と関係のない歴史問題で日本への不満を述べた。参加者たちは奇異に感じたと聞いた。

さて、その数年後、韓国政府の某幹部と会食した時のことだ。

二〇一三年八月に李明博《イミョンバク》大統領が竹島に上陸し、しばらくして「日本の天皇は韓国に来たがっているらしいが、謝ってから来るのがいい」と発言した。この幹部はこの二点目について、「日本で批判があることは知っています。でも韓国人からすれば、あれが普通の感覚だと思います」と言ったのだ。

私は耳を疑いつつ、外交のＡＢＣから説明せざるをえなかった。他国の国旗、国歌、元首は尊重するのが近代国際社会のルールであり常識であることを。日本の天皇陛下は平和を強く祈念され、世界で広く尊敬されている方だというより、もっと前の次元だ。彼は「英国やタイの国王ならわかるが、我々にとって日本の天皇は違う」と言うので、「違わない」と再度説明した。

外交部の、四〇代後半の中堅幹部の話。彼はソウルでの日本大使館主催レセプションの招待を受け、参加した。同じ招待を受けながら参加しなかった役所の同期が複数いたと後でわかったという。彼らに聞いたら「日本だろ。日本大使館だろ。誰が行くか？」と答えたという。これには彼自身が驚いたし、この話を伝え聞いた外交部OBたちは嘆いた。あるOBは私にこう言った。

「他国の大使館の招待を受ければ、光栄この上ないとして先約をキャンセルしてでも行くものです。外交官どうし、そういうものです。関係がよい時もそうでなくても。我々はそう教わってきたし世界どの国でもそのはずです。しかも、日本ではないですか。「日本、誰が行くか」という考えの人は、外交部にいる資格がないと思います」

次は、市井の小さなエピソードだ。ある程度韓国語のできる日本女性がソウルで韓国女性に道を聞かれ、教えた。「あれ、日本人?」と聞くのでそうだと答えると、チッと舌打ちされた。韓国語を何年も勉強し道を教えたあげく舌打ちされ、当人はショックを受けていた。他の国ではほぼありえないことだろう。もっとも日本で、韓国の方が不快な目にあうこともありえ、その点を心にとどめたいとも思う。

†韓中連携で日本に対抗しよう

さて、私学の代表格、名門Y大学。数年前に国際政治の教授が指導する大学院生に発表させたところ、一〇チーム中九チームが「韓国の外交安保について、中国との連携を強化して日本に対抗すべき」との政策をよしとした。日韓強化と述べたのは一チームのみだった。日本で博士号を得たこの教授はショックを受けた。

もう一つ、三年前に大学院生グループ（うち一人は日本人）が日韓関係を議論したところ、日本政府が植民地支配を反省しお詫びをしているという基本事実を、韓国の院生は一人を除き誰も知らなかった。日本なら、外交官や大学教授あるいは新聞記者でなくても、一九九〇年代半ばから広く知られていることである。一九九八年の日韓パートナーシップ宣言にも盛り込まれ、しかも韓国は、歴史に対する日本の立場を評価している。首脳が交わした外交文書である。しかし、こういう足元をすくうような現実が韓国に少なくないのだ。

日韓両国で特派員経験のある、欧米プレスが言う。

日本が安全保障法制を整備するのは、当然かつ望ましいこと。韓半島の安保態勢強化につながり、韓国としても喜ばしいはず。でも、以前、民主党党首（当時）が公然と「北朝鮮のミサイルより、集団的自衛権の行使を可能とする日本のほうが脅威だ」と述べた。およそ的外れだけど、これが韓国の現実です。

先述のY大学のような、「日本の反省・お詫びを知らなかった」というケースが多い。私はソウルの日本大使館書記官時代も公使時代も、大学でよく講演をしたが、しばしば聞かれた。「なぜ日本は、歴史の事実を認めず、謝らず、ごまかすばかりなのか？　韓国民の心の痛みから目をそむけるのか？」という方向の質問が多いのだ。

私は講演で、歴史についての質問を避けるのでなく、むしろ積極的に話したかった。質問が出ない場合に備え、はじめから歴史問題の基本ファクトを伝え、質問がくるのを促した。ある時女子学生が手をあげた。「高校時代、私は大使館前の慰安婦デモに参加した。日本謝れと皆で叫んだ。あなたの今日の説明は、デモ主催者の説明と全く違うものである。どちらが本当なのか」という。

私は「意見の違いはあっても、ファクトは一つだ。日本は過去の歴史を直視し、反省とお詫びを明確に述べた。韓国側はこのファクトを直視してほしい。日本大使館のホームページには韓国語や英語で資料がある。ぜひあなた自身が、どちらが本当かを判断してください」と答えた。

韓国にいると、巨大な認識のずれを日々感じる。一歩一歩作業していくしかない。そしてこれは明らかに、外務省や政府だけでできることではなく、オールジャパンの――メディア、研究者、経済界、NGOなどを含めた――取り組みなのだ。韓国側の問題はもとよりだが、この種の発信・コミュニケーションを、日本側も怠ってきたと私は思う。

2　釜山——毎日デモの中、「日韓には何の問題もない」

†昔は友好の象徴、今は年に三〇〇日がデモ

二〇一七年夏、私は釜山総領事として着任した。釜山は人口三五〇万の大都市。韓国で最も日本に近く、かつては日本への親近感が最も強い都市として知られた。古くから日本語学習の盛んな地域でもある。

私のような外務省の「コリアスクール」から見て、政治懸案の多いソウルと異なり、釜山は長きにわたり日韓の友好と交流の象徴だった。しかし、ソウルの日本大使館前につづいで、二〇一六年年末、釜山の総領事館前にも「慰安婦像」が設置され、騒然とした状況があった。

年に三〇〇回以上、つまりほぼ毎日大小の反日デモや集会が総領事館周辺で行われた。時に百名、数百名、三千名が押し寄せることもあった。シュプレヒコールが上がる。国際法上、外国公館を守るのは当該国の責任であり、釜山警察が大勢の警官を配置し館の安全を守ってくれるが、一般の方からはものものしい光景だ。韓国人も日本人も、ビザやワーキングホリデーなどの手続きに、また図書室の本や資料を閲覧するために大使館を訪れる

が、こわくて近寄れないということもあった。ノーマルな外交活動が半ばできない状況が続いた。

釜山は、友好と交流の象徴どころか、日韓の対立と葛藤の焦点というに近い状況であった。福岡市など姉妹都市との交流、九州や西日本とのビジネス、文化、学生の交流が縮小した。

慰安婦像の一件については、韓国政府自身が、国内法上も国際儀礼上も問題ありとの立場であった。日本政府はもちろんだが、釜山市と姉妹都市である福岡市も、また在日韓国人の方々の「民団」もはっきりと反対の立場であった。我々は撤去を求めていた。

さて、その中で二〇一八年春、総領事館前にこんどは「労働者像」(韓国のいう「徴用工像」)を設置しようという一部労働団体の動きが活発化した。韓国政府も釜山市も設置を「認めない」との方針を明らかにしていたものだ。しかし、四月三〇日夜一〇時四〇分、労働団体が夜陰に乗じて像を運び込もうとし、警察が実力で阻止した。翌日のメーデーは、労働者像を押し込んで設置しようと押し寄せたデモ隊三〇〇〇名と、設置を防ごうとする機動隊三五〇〇名が総領事館前で対峙し、もみあい、衝突も起こった。労働者像はその後一度、釜山市によって撤去されることはあったが、現時点でも解決に至っていない。

†令和のはじまりに「反日の道」設置計画

二〇一九年五月一日、日本では天皇陛下が即位され、「令和」の時代が始まった。国内はもちろん世界の多くの国が祝賀するこのよき日に、日本から最も近い韓国の都市で、日本総領事館の前に労働者像を設置し、「反日の道」を宣言しようという計画が進められていた。

総領事館はいうまでもなく、その国を代表する外交施設である。国内法上も国際法・国際儀礼上も問題のある銅像、そして「反日の道」など、どう考えても許されることではない。

結果、かろうじて防ぐことができたのだが、私は内心ひやひやだった。日本にとって重要な慶賀《けいが》すべき日だと触れまわれば、労働団体や支持勢力がこの日を狙うのを勢いづけてしまう。水面下で注意して動いた。令和元年の第一日に総領事館前に「反日の道」が作られてしまえば、自分がクビというだけではすまないだろうと思っていた。

二〇一八年来、可能な手段は尽くした。外交案件ゆえ基本は、釜山でなく中央(ソウル)で仕切ってもらう必要がある。長嶺大使(当時)はじめ日本大使館が要路に訴えてくれた。私もソウルに出張し、政界や官界に働きかけた。韓国外交部にも釜山市の実務陣にも、法と国際礼儀に則りきちんと仕事をしよう、「民主労総」による像設置を防ごうと真摯に努力する人たちは存在した。韓国外交部のある中堅幹部は、ソウルでの各省会議で、労働者像が国内法上不法であり国際儀礼上も問題で、設置させるべきでないと主張し、政府全体の立場をまとめてくれた。釜山にも来て、そう主張してくれた。

国務総理は国務会議（日本の閣議に近い）でこの像の設置につき「いかなる者であっても、不法行為は許されない」と述べ、報道もされた。ただ、中央政府がせっかくこの方針で固めたのに、釜山市長がこれに反して労働団体に譲歩してしまった（韓国の新聞もこれは批判した）。同じ市長が、慰安婦像にわざわざ足を運んでマフラーをかけるパフォーマンスを行い、運動団体を元気づけてしまうこともあった。

デモ側はプロの集団であり、計画的組織的な行動だった。最新の判例をフォローし、「少しでも市民にけがをさせると、経緯を問わず警察は裁判で負ける」など、警察の弱点を知っていた。

釜山市、釜山警察と頻繁に（目立たぬよう）協議を重ねた。デモは日時を事前申請するのだが、「像の設置については陽動作戦もありうる、思いがけないルートで、夜陰に乗じて持ち込むことにも備えよう」と我々が指摘した。

さらに七月、総領事館にある図書室で本や資料を閲覧していた（そのふりをしていた）学生たちが、突然中庭に出て短時間ではあるが「反日示威行為」を行うという事案が発生した。「国際交流」や「読書、教養」を踏みにじる行為だ。韓国内で批判が聞こえてこないのも、私には悲しかった。年中反日デモが続くなか、館員には非常に苦労をかけた。砂をかむような日々であった。

†「ハハ、気にしないで」

釜山の話が長くなって申し訳ないが、もう少しだけ書いておきたい。釜山の識者、日本通の方々と会って感じたギャップは、韓国勤務の長い私としても衝撃的であった。

一番多いのは、「ハハ、総領事あまり気にしないでください。銅像やデモなんかに市民は関心ありませんから」というあっけらかんとした反応だった。日韓最大の外交懸案であり、韓国政府自身が法的な問題点を認識している銅像だ。頻繁なデモは、日本の正常な外交活動に支障をきたしている。「気にしないで」などありえない、軽すぎる言葉だ。釜山が対立と葛藤の焦点になってしまっていると言っても頭に入らないのだ。

そして、次の反応も多かった。

「私は日本との交流が長く、頻繁に日本を訪れ多くの人と会います。日韓は何の問題もなく仲よくやっています。日本の方は韓国が好きですから」

「日本が好きです。人は親切だし街はきれい。ただ日本は小さなことにこだわりすぎですね。銅像がどうだとか。でもまあ、韓国に文句を付けてくるのは右翼と政府だけ。嫌韓などという人為的で小さな泡は、国民交流という大きな流れの中で消えるでしょう」

——日本に対し悪意があるのでなく、汗をかいて日本との交流を進めてきた善意の方々が、本当にこう思っているのだ。これは、日本にいてはわからない巨大なギャップだ。「反日」とは別の意味でたちが悪い。日本の政府・国民が抗議しているのに、「ハハ、気にしないで」と笑っているのだから。

さて、当時の呉巨敦《オゴドン》市長は、「プロ野球交流とか明るい話ならいいが、日本総領事は銅像のことで厄介な話をしそうなので……」と、ある時期から私に会わなくなった。関係悪化の原因を作ったのはまさに銅像であり、韓国・釜山なのに、何もせずそっぽ向いて逃避する。これも私の知る韓国とは大きく違っていた。釜山市役所にも、「我々が見ても不法であり、日本の官民からこれだけ抗議のある最大の懸案を放っておいて、プロ野球交流もないものだ」とこぼす声があった。

ただ、正確を期すべく付言すると、すべての韓国人がこうだったわけではない。問題の本質をしっかり見すえた良識的な人は、ごく少数だが存在した。ある人は次のように述べた。「大使館や総領事館は国の顔だ。相手が嫌がるものをこちら（韓国）が作っておいて、「俺たちは友達だ、気にするな」というのは、人をなぐっておいて、気にするなと言うようなもの。無茶苦茶な話だ」

水面下で私に助言をくれ、例の市長に苦言を呈してくれる有力政治家もいた。韓国社会では「親日」と陰口をきかれ本人に不利益になるおそれがあるだけに、ありがたかった。

†「国家の時代ではない。日本は古い」

二〇一八年、新聞記者出身の日本の大学教授が釜山に来訪し、ある大学で講演をした。「進歩派の代表」ともいえる新聞に属した人だが、日韓関係につき、日本政府に属する私が聞いてうなずくことが非常に多かった。長年の友好と信頼を語り、「国と国との約束は守ろう」と述べ、日本での韓国への失望の高まりを語り、韓国にいくつか指摘した。講演後、韓国の識者が質問をした。

「二一世紀、グローバル化の時代です。日本も韓国も、国家や政府がものを決める時代ではない。経済や文化や市民の分厚い交流がより重要で、これに任せるのがよいのではないでしょうか」――これは、教授への不満を直接述べることは避け、「教養」の化粧を施した巧妙な反論だといえる。

しかし、教授の答弁はみごとだった。「民間の交流はとても重要です。しかし私は、古今東西どの国にとっても、国と国の関係を左右する最も重要なカギは、政府の外交方針であり、国家指導者の言動だと思います」。正論であり、韓国への非常に効果的なメッセージだった。

このやりとりは、日韓のギャップの核心を突いていると思う。最大の核心だと思う。というのも、韓国には（特に知識人には）次のような発想があるのだ。

「権威主義の時代は終わった、国が何でも上から統制し決める時代ではない。韓国はもうわかっている。でも、世界の趨勢《すうせい》に遅れた日本はわかってないのかな。いまだに国と国の約束とか言ってくるよ。古い発想のままだな。ビジネスや交流を進めれば障害は吹き飛ぶのに」――これは、ソウルの政府中枢に近い人たちにも見られた。

先述した「一九九〇年を境に二分し、昔を否定し今を肯定」する発想（三二頁）が基盤にある。それ以前を「克服すべき、遅れた時代」と見るあまり、時代を超えてどの国家にも当然必要とされる「外交」「国家」の常識が一部飛んでしまうのだ。自国の（政府や地位ある政治家の）言動が相手国民をいかに怒らせているか、国際常識に反するかに気づかない。「相手国のリサーチ、配慮、儀礼」という作業が、「国際約束を守るのは最低線。主権国家としてのプライド、威信をかけても」という世界の常識が、少し弱くなっている。

そして、韓国の「民意」には不正確なものがあった。「日本人は今も韓国が好き。韓国にあれこれ言う嫌韓は右翼だけで、そういう小さな泡は、国民交流という流れの中で消える」という、的外れなものが多い。だから、「ハハ、総領事気にしないで」となる。「民意」「世論」が神様のようになって国際法や外交の常識に優先してはいけない、韓国外交にマイナスが大きいという指摘は、韓国内にもあるが、力をもっていない。

韓国の古い友人が「西欧が一五〇年かかった近代化を日本はその半分で成し遂げた。韓国はさらにその半分の〈圧縮成長〉だった。短期間に達成したものは多いが、抜け落ちたものも多い。民主主義の理解が浅いし国際性も本物ではない」と言った。深くうなずくし、その短所が最も顕著に表れているのが日本との関係だ。早く気づき手当をするのが韓国の利益だと思う。

3　歴史の問題

†歴史は、民族の記憶に負けるな

歴史の問題は、日本にもそうだが韓国にとっても非常にセンシティブで、理性より感情が先行しやすい。だが落ち着いた話が可能な場では、私はよく次の三つの話をした。

「歴史は（民族の）記憶に負けるな」

これは米国歴史学会賞を受賞したコロンビア大学のキャロル・グラック教授が、一九九五年に朝日新聞のインタビューで述べたことだ。

「第二次世界大戦は世界の大戦です。ナショナルメモリーの中に閉じ込めてはいけないのです。私は五月の欧州戦勝記念日の五〇周年式典を見ましたが、どの国でも、自己中心主義でした。……非常に印象的だったのは、どの国でも記憶が前面にあふれ出て、歴史が記憶に負けたことです」

「記憶は個人の記憶でも、ナショナルな記憶でも、非常に単純な物語が欲しいのです。これはよかった、悪かったと、白黒の区別を好みます。……しかし歴史は単純な物語ではすまない。歴史は複雑な話、まとまりそうもない事情、事実をできるだけ多角的に、いろいろな観点から説明するものです」

ヨーロッパの国際歴史教科書対話

ヨーロッパの国際歴史教科書対話は、歴史教育をナショナリズムから解放し、より平和的で開かれたものとすることを目標とした。

例として、片やフランス、ポーランド、片やドイツの対話はどんなものであったか。それぞれに相手の自己中心的な歴史記述を指摘する、双方向の作業であった。そうでなければ、客観的で公正な理解には到達できなかった。

二〇〇一年の座談会「過去の克服——日本とドイツ」（日本国際問題研究所とドイツ国際安全保障研究所（SWP）の主催）で、SWP幹部が、ドイツの歴史への反省を述べつつ、隣国間でなぜ信頼感が高まったか、次のように説明している。

ある国が隣国の教科書に意見を言うことは、双方向的であるべきであり、一方通行であってはならない。ドイツの教科書がフランスとポーランドからもチェックされると同時に、ドイツが、フランスとポーランドの教科書も調べることができるということを認めた。……そのプロセスは、多大な価値をもった信頼醸成措置の役割を果たした。実際、ポーランド側が、それまで認めなかった自国側の問題をドイツに対して認めることも出てきたという。

もし一方が、「正義は自国にあり、相手の主張は間違い」という〈善悪二分法〉であれば、歴史対話や信頼醸成は成り立たない。自分の側のナショナルメモリーも、何かが欠落したり自己中心的で不正確だったりで、修正を求められることが十分あるのだ。ヨーロッパと違い、東アジアで建設的な歴史対話が進まないのは中韓側の問題もあると指摘する韓国人も、少数だがいる。

「韓国は歴史に弱い」

日韓文化交流に長年ボランティアとして参加してきた日本女性は、私にこう話した。
「日本が行った戦争は大きな間違いでした。でも最近、交流で来られる韓国の方と話して、「韓国って、なんて歴史に弱いんだろう」と思います。「韓国人が対馬の寺から盗んだ仏像は日本に返さない。本来は対馬も韓国のものだ。我々の文化を受けてきたのだから韓国領だ」と、乱暴なナショナリズムを日本人にぶつける。冗談かと思ったけど、そうではなくて、大学教授たちがそう言っている。自分中心の歴史の見方ではいけないと、日本の私たちは五〇年前から教わってきたのに。文化を伝達したから自国領だなんて……」

上記三つは韓国から見れば、あまり愉快でない話だ。歴史は韓国が日本に一方的に「説教」するものとの思い込みがある。グラック教授の言う「歴史が、民族の記憶に負けている」一典型が韓国かもしれない。日本人から「韓国は歴史に弱い」と聞くなど想定外だろう。しかし、こういう理性的なやりとりが成り立つようでないと、歴史対話は進まない。

†韓国の言う「正しい歴史観」とは?

韓国が「正しい歴史観を」と日本人に求める場合、気をつけたほうがいい。日本側が、

「事実を踏まえた客観的で公正な歴史」のことと思ってうなずくと、誤解が生じるのだ。

韓国で「正しい歴史観」というのは、「韓国ナショナリズムに従った歴史観」を意味することが多い。竹島や慰安婦問題について、韓国側の「正しい歴史観」に日本が従うことを求める。異論を唱えると「日本の危険な右傾化、帝国主義の残滓、歴史軽視」という声が飛んでくる。

先に記したグラック教授の、「民族の記憶を克服したところに歴史がある」というのは、国際社会の常識、良識といえる。だが韓国ではこれに沿わない、むしろこれに反する歴史観が主流だ。やや厳しく言えば、韓国では歴史が常に民族の記憶に負けているのだ。もうそろそろ気づいてほしいと切に思う。

ただ、以上の話を理解しうなずく方もいる。理性的な対話が可能なこともある。「歴史、歴史と日本に言いつのる「運動」を進めて対立を深めるばかりだ。これは、韓国外交として拙劣というだけでなく、歴史について相互理解を深める作業にもなっていない」という声も、少数だが存在する。

日本の進歩派ジャーナリストが韓国で鋭い指摘をしていた。「韓国がこういう非理性的な反応を繰り返すたびに、近代史で日本が反省すべき点を真摯に見つめようという声が、日本国内で支持されなくなっている。反省しおわびしても韓国は全く変わらない、よけい居丈高に感情論をふりまわし日本を非難するだけじゃないかという見方が広がっている。日本の良心派を、韓国がつぶしている」。

韓国の高名な歴史学者が私に述べたことを思い出す。

「『加害者と被害者の関係は一〇〇〇年経っても変わらない』とスピーチをした朴槿恵《パククネ》大統領は、自分と同じ世代だ。明らかに日本を念頭に置いたこのメッセージを国家指導者が行うことの適否については議論もあった。だが、韓国人の大部分は自然にうなずくと思う。我々の世代が学校で習った歴史は、まさにそれだった。民族の観点を強調し、日本が悪い、韓国の視点が唯一正しいというものだった」

「自分は歴史を四〇年勉強し、たゆまない学問の進展や多様な見解に接し、日本をはじめ他国の学者から多くを学んだ。先入観を排しファクトを踏まえた議論でなければならないことは、歴史学の基本だ。自分も強調しているつもりだ。道上さんがいうとおり、〈歴史は、民族の記憶に負けてはいけない〉のだ。だが韓国の一般国民はそうではない」

†日本糾弾が正義

不必要に相手の感情を刺激すると、メッセージを伝えるどころでなく逆効果にもなってしまう。遠慮して黙っていると、誤解を放置・拡大してしまう。ここの見極めは難しいところだが、特殊な技術を要することではない。こちらに意欲があり、一定の（常識程度の）観察眼があればそれなりのことはできる。

歴史については、政府が前に出るより研究者の地道で実証的な作業が望ましいのだろう。ただ、善意悪意を問わず韓国側に「利用される」場合があることには留意したほうがいいと思う。本人はそう言っていないし思ってもいないのに、「ほらみろ、日本の学者も韓国を支持している。あれこれ言うのは嫌韓＝右翼だけだ」と、韓国独自の文脈で無理に「解釈」され「利用」されることがある。

朝鮮史専攻の高名な日本の学者によれば、歴史学者間で議論をすると、普段冷静で実証的な韓国の学者も、日本を相手にするや「チームコリア」で一枚岩になって日本と対立することが多いという。夜の飲み会で「いや、本当は日本の言うことが正しいんですよ。歴史学はそうあるべきです」と言うのだが、翌日の議論では前日同様、テコでも動かなくなるのだと。

この関連で、韓国では例外的な、識者のことばをもう少し紹介する。

「（日本企業に旧朝鮮半島出身労働者への賠償を命じた）大法院判決について。国と国の約束を守らない、それどころか逆に日本を説教するなんて、韓国人として恥ずかしい。国の自負心、矜持《きょうじ》がないのかと思う。一九六五年の諸条約は、経済・防衛・文化・各種交流を含むすべての分野の日韓協力の法的基盤だ。それを崩してはならない」

「慰安婦像も労働者像も、日本との歴史の問題を解決するのにまったく役立たない。むしろ障害になっている」

これらの発言は私が直接聞いたものだ。客観的な〝良心の声〟が、今もなくはない。しかし、こうした発言は韓国社会では表になかなか出てこない。韓国でこうした主張をすることは少なからず社会的なリスクが伴うからだ。

二〇一九年、ある地方都市を訪問した際、その地の国立大学教授が私に語った。

「国を守れなかったのは民族史の大きな失敗。その事実を確認し、今後の糧にしようというのは必要でしょう。韓国で何があったかを日本の方が知っておかれるのは、よいことでしょう。でも、韓国では、日本が絡む歴史問題はほとんどがファクトから離れた政治運動になっています」

「運動をになう勢力は、日韓の相互理解増進とか友好とかは念頭にないんです。日本が歴史を反省するかしないか、それも実は関係ない。とにかく日本が全面的に悪い、今も反省がない、帝国主義だと規定し糾弾し続けるのが目的です。実際の日本がどうかは関係ないんです。韓国では、この糾弾が正義だとして支持が集まり、運動が回るのです」

「日本は良心的な方が多いから、歴史を反省し、お詫びもされた。悪いとは申しません。

でも、韓国人の一人として恥ずかしいことですが、それで韓国との関係が合理的、理性的に進むとは思わないほうがいい」

この教授は、地域史の記録を収集していた。ある国立大学の病院について、「日本人、韓国人両方の医師がいた。一九三〇年代の成績簿や文化祭の記録が残っている。大学の講義を終えて病院に歩いて向かう三〇名ほどの医大生の写真がある。日韓両方の学生がいた。この病院が一九一〇年代から今日まで一日も休まずこの地域の医療にあたってきた、貢献してきたのは厳然たる事実だ。日韓の医者が日韓の患者に対し、同じように診察し治療をしてきた。日本時代（設立後一九四五年まで）に病院の歴史はなかったことにしようという意見も多かったけど、そんなことができますか。病院はずっとやっていたのですから」

このあたり、韓国の方にぜひ考えていただきたいことである。

第三国の研究者も、韓国の歴史教育について指摘する。二つ紹介しよう。

日中韓米台湾の教科書の比較研究を行ったスタンフォード大学のピーター・ドウス名誉教授は次のように話した。「韓国の教科書は特にナショナル・アイデンティティーの意識の形成に強く焦点を当てている。……私が驚愕した一つの例は、主要な韓国の教科書には広島長崎の原爆投下の記述がないことだ。それほどまでに彼らは自己中心的にしか歴史を見ていない。」（読売新聞、二〇〇八年一二月一六日）

†中国学者「民主国家韓国が、中国のような洗脳教育をする」

次に、韓半島にルーツを持つ中国人学者李《り》鋼哲《こうてつ》氏の話を、やや長いが引用しよう。

……（自分が子供の頃受けた）学校教育では、抗日戦争の映画を見せる時に、先生は「日本の中国侵略は一部軍閥主義者たちによるものであり、日本国民も被害者であり、憎むべきではない」と教え、そのまま信じた。小学生の頃（一九六九年頃）、有名な画家の家族が私の住んでいる村に下放されてきたのだが、奥さんが日本人だった。村人たちは誰ひとり日本人の奥さんを悪者とは思わなかった。逆に、その礼儀正しさ、優しさを村人たちは尊敬し、仲良く過ごしていた。

一九八〇年代。大学生の時、日本から来ていた留学生と親しくなった。誰一人、日本人だから嫌いという人はいなかった。逆に、日本人と親しく交流できる私は「日本通」と言われた。毛沢東時代と鄧小平時代までは「反日教育」は中国では非常に限定的だったということを物語っている。

……韓国で「独立記念館」、「歴史博物館」などを見学したときに、先生や親たちは一生懸命に「日本が武力で韓国を植民地化した」ことを教えていた。それ自体は歴史教育として悪いことではない。教育すべきである。しかし、筆者（李氏）が問題にしたいのは、ある国あるいは国家間の複雑な歴史や歴史認識のある側面だけを誇張して強調し、その否定的なイメージを現在の平和時代を生きる国や国民と結びつけてしまうような教育は、危険な「洗脳教育」に他ならないということである。韓国はすでに立派な民主主義国家なのに、いまだに共産党独裁国家である中国と似たような歴史的な洗脳教育をすることに、筆者は到底納得がいかない（「歴史認識と洗脳教育を如何に超克できるのか」『SGRAかわらばん』二〇一四年四月二三日）。

†「韓国が道徳的に優位」とは

客観的かつ合理的な日本観が以前より後退した背景の一つに、「韓国は日本より道徳的に優位の国だ」という発想がある。

歴史問題に由来し、被害者は加害者より優位だとみなしたいようだ。これはよく使われる表現だ。なぜ自分が「道徳的に優位」となるのだろうか。「日本の支配下に置かれ政治的に劣位だったから、道徳的に優位なのだ」というのだが、さらにわからない。

韓国の友人は説明する。「日本へのコンプレックスです。自分が劣位にあった事実を否定したくて、架空の概念を作っただけ。魯迅の『阿Q正伝』に出てくる〈精神的勝利法〉

のようなもので、無理やり自分が勝ったことにしたいのです」と。別の友人は、「英国やフランスが、インドや中国やインドシナや中東アフリカ各国に対し植民地支配を謝罪したとは聞いたことがないけど、仮に謝罪をすれば、これら旧植民地が、英仏より道徳的優位に立つのでしょうか？　おわびをしなければ、英仏が今も優位なのですか？」と言う。

日本の方に申し上げたいのは、自分が理解できない話について、「歴史に関連するから、ともかくうなずいておこう」というのは、やめたほうがよいということだ。この「優位論」は大きな危険をはらんでおり、次のような発想につながりかねない。

「韓国が道徳的に優位である。日本と見解が分かれたときは、当然日本が間違っているのであり、韓国がそれを正してやる」。これは、「韓国は善、日本は悪。韓国が見る日韓関係は〈善と悪〉だ」という、先に紹介した発想（二六頁）につながるものだ。

韓国には、「いや、そこまでは言いませんよ」という人もいるだろう。ただ、日本側は注意したほうがいい。韓国の要人が今も「日本は歴史の反省がない」「帝国主義の残滓」「戦犯国家、敵性国家日本」などと言い続ける背景にも、この「優位」論が作用している。

二〇一三年五月、韓国紙大手『中央日報』に論説委員の驚くべきコラムが掲載された。「広島と長崎に原爆が投下されたのは、日本に対する神の懲罰であった。日本の七三一部隊の生体実験にされた犠牲者の復讐だった」というのだ。

さすがに中央日報は紙上でおわびし、「日本の官民から寄せられた批判を重く真摯に受け止める」と表明した。韓国政府は、「韓国政府及び一般国民の認識とは異なる」と述べた。韓国記者の中には「中国の戦争被害者も、広島、長崎、ドレスデンの原爆・空襲被災者も同じ人道被害者だ。あってはいけないコラムだ」と憤る人もいた。このコラムはさすがに韓国の平均値ではない。ただ、自分が神であるかのごとき視点で「日本への審判」を語っているこのコラムは、まさに韓国の「道徳的優位」の発想から出たものだといえる。

私は当時広報文化担当公使で、このコラム掲載直後、中央日報の別の論説委員に会った際、本省の指示がまだなかったが、強い問題意識を、追って抗議を伝えた。

「いや、道上さん、昔は日本についてもっとひどい記事がもっと多かったですよ」と話す、年長の韓国の知人がいる。一九八〇年代に、「韓国の対日貿易赤字は、日本の経済侵略の額」とする新聞コラムがあったのを、私も覚えており、非論理的な感情論は以前もあった。しかし大事なことは、韓国にある合理的な正論がかつては感情論を克服した、近年は克服できず、むしろ押し切られることが多くなったということだ。

時はさかのぼり、一九九九年。青瓦台の中堅幹部が記者会見で、「韓国の日本に対する道徳的優位」という表現を使った。私は、外務部の日本担当課に電話で問いただした。彼は、「それは韓国政府の見解ではありません」と、言下に否定した。「少しでも外交をわかる人なら、そんなことは言いませんよ」という趣旨であった。彼の気概を見た。

†日本は別の国?

本書の冒頭で紹介した、一九八〇年代のソウル大学老教授の指摘「日本などもう十分すぎるほど知っている、勉強する必要もない。そう我々韓国人は思いがちだが、まちがいだ」――これは、今もあてはまる重要ポイントだ。

日本を旅行する人も、日本についての情報も格段に増えたが、それでもなお「自分が知っている、こうだと思っている日本」を再生産する傾向が強い。特に政治とメディアにおいて、この「概念再生産」が盛んだ。そこにある日本像は、時に匠の精神や協調性を肯定的に捉えるものもなくはないが、多くは、帝国主義・軍国主義の美化、右傾化、滅私奉公、不活発で停滞した社会……といったものだ。当の日本人が聞いて驚くような内容も含む。

二〇〇〇年前後によく韓国で聞かれた、先に見たような日本への合理的姿勢、自分たちの日本観への自省は後退し、感情的な日本叩きが前面に出てきた。

意外なことを言うようだが、韓国は日本が「別の国」であるということをきちんと理解できてないのではないかと思うこともある。ソウル大学老教授の指摘どおり、自分たちの枠にはまった日本理解を前提として、自分の尺度で一刀両断したいという傾向がある。日本という国には韓国と違った国益、法制度、慣習、価値観があるという当然の前提がないかのようだ。

当然こうすべきなのに日本はまだわからないのかと、いわば高い立場から、認識や道徳観が劣ったものを叱責《しっせき》し慨嘆《がいたん》しているかのようだ。日本人が見てまったく響かない論になるのは自然なことだろう。実際の日本と違う何か別のもの（虚像）に対し、日本でない韓国独自の（普遍性があるわけでない）価値観で、ばっさりやろうというわけだから。

また、「日本で、韓国に対する信頼度が落ちた」ことが、韓国ではどうも頭に入りにくい。自分が日本から注文を付けられることは、考えが及ばない。そこにも関係している。

朝鮮時代の儒教的価値観では、自国が兄で先進文化、日本は弟で周辺の野蛮国と見る傾向があった。その弟が兄を植民地化し併合したのは、歴史的事実であっても認めたくない。今風の言葉で言えば、日本に対し無理やり「マウントを取ろう」とする傾向がある。

4 中国と韓国

†中国の意外な面――冷静な論調、エリートの啓蒙

ここで書く中国は、私の北京在勤当時（二〇〇七〜〇九年）のものである。

私は中国について専門知識を持たなかった。傲慢で自己中心的な中国という印象を持っていたが、当時の中国はいい意味で予想を裏切ってくれることもあった。

党（中国共産党）、政府、大学、メディア等各方面に、世界の中国への厳しい目を知り、自国の不足を知る冷静な人たちがいた。うち何人かは、国民の〈傲慢、自慢〉を〈冷静、自省〉に導こうと世論の啓蒙に励んでいた。「えっ」と思う新聞論調もあった。

北京オリンピック（二〇〇八年）で、中国は金メダル獲得数世界一。連日一面トップで「また金メダル」「世界が中国を称賛」という見出しが躍ったが、会期途中で論調が変わり、「いや、頭を冷やそう」というトーンが目立つようになった。

「オリンピックで米国を抜き金メダル獲得数トップになった。だが、中国がメダルを稼いだ飛び込み、卓球、バドミントン、アーチェリーは、世界ではマイナー種目だ」

「中国は強大な国ではなく、太っているだけだ。中国はまだ、世界で「中の下」の途上国だ。力量がなく、病因を抱えている」

日本を評価し、中国側の問題を指摘する記事も、当時よく見た。

「日本にはすぐれた福祉制度があり、貧富の差を超えて同じ医療を受けられる。分配が公平で庶民が幸福に暮らせるのが良い国家だ。経済危機を何度も克服してきた。これが強大な国でないなら、どの国が強大か。世界主要国調査で日本の国家イメージは世界一だ」

「『民族主義者、愛国者』が一切の日本人をののしる。……過激な意見を吐くのは最も簡単だ。歴史を考えず分析せず、スローガンを覚えて他人を批判すればいい。こういう過激で狭隘《きょうあい》な民族主義は、世界の潮流や歴史の真実に反し、中国の害になる」

世論調査で、「日中関係がうまく発展しないのはなぜか」との問いに、「中国の民族主義と反日意識」を原因と答えた中国人が約一〇パーセントいた。私はこれも驚いた。韓国ならこのような結果は出ないだろう、自省の声はこれほど挙がらないだろうと感じた。

清華《せいか》大学、北京大学、北京外語大学、外交学院、人民大学など中国の名門大学で、大規模な日本文化祭が催された。大勢の学生が日本のアニソン、ドラマ、歌に熱中する様子を見て驚いた。北京大学の日本語学科教授が「一度、学生たちのカラオケを見にきてください。びっくりされますよ」と言う。日本語がまだうまくない一年生（「あいうえお」から習い始めた）も、歌は見事な日本語で上手に歌う。日本の有名なアニソンを私が知らないため学生たちが落胆し、彼らから教えてもらったこともある。

†歴史と友好関係

「歴史教育で日本の蛮行を教えることが、日本との友好関係構築を妨げないよう、党で考えている」と、党の中堅実務者が私に述べたことがある。

以上、オリンピックも日本観・歴史観も文化も、知識人ないしエリートの力が作用している。独善を排し冷静な世論を導こうと努力している。「上からの啓蒙でないか。民主的な方法か」という点については議論の余地があろうが、少なくとも当時は、中国の世論や国益、国際性に対してプラスに働いていた。

韓国の方は、中国のこのような真摯で前向きな、複合的な対日姿勢を知らない。「中国は日本より大国だから、自分たち（韓国）よりもっと日本を強く叩くのだろう」程度の推測でいる。私は韓国でのインタビューや寄稿で何度か、中国のこのような対日姿勢を紹介するよう努めた（なお、近年の中国には大きな変化があると聞いている。北京勤務の後輩たちは、「道上さんの頃とは、残念ながらだいぶ変わりました」と言う）。

二十余年前、ソウルの日本大使館勤務時のことだ。村山富市元総理が、ソウル南方天安《チョナン》市の「独立記念館」を見学した。館長が元総理を案内し私が通訳をした。見学が終わって元総理は館長にこう話した。

「総理の時、中国の抗日記念館を訪問しました。あっちは戦争だから、流血の多い激しい展示もありました。しかし、最後の部屋は日中共同声明を展示し、不幸な過去を乗り越え日本と友好関係を築こうという前向きなメッセージがありました。こちらには、それがありませんのう」と。

館長は「ご指摘に感謝します。我々の目的は反日ではないのです。検討します」と答えた。その後、そのような追加変更があったかどうか私は寡聞《かぶん》にして知らない。

†韓国は中国に対して「無力感」、日本には「全能感」

韓国には「中国嫌い」が少なくない。「図体は大きいが、遅れ、野蛮」と見下す心理がある。ソウルに住む中国の友人もよくこぼしていた。私自身ソウルで演劇を見ていて、腹の出た中国人が話の筋と関係なく登場し、汚く食べ散らかし、「オレはカネがある、言うことを聞け」と札束で若い女性の頬をたたくシーンを見たことがある。

韓国は中国という国を過大に、中国人という人を過小に見る、というのが私の観察だ。「中国相手にこういう不愉快なことがあった」と、韓国外交部の友人がこぼすのは聞いた。しかし、韓国は経済力もあり国際社会での存在感もある国なのに、「韓国経済は中国の手に握られている」との思いから、「中国はもう、仕方がない」と無力感に陥りがちだった。

習近平主席がソウル大学で「中国は歴史上、他国を侵略したことがない」と述べ、日本に対する中韓連帯を陰に陽にアピールした時、韓国からの反論がほとんど見えないことに驚いた。事実に反し、学校で学ぶ歴史にも反しているのだが。

「ASEANのいくつかの国を参考にすればいい。彼らは、対中経済依存は韓国よりはるかに強いのに、外交・安保で中国相手に毅然と主張している。米国や日本とも連携して」と私は韓国でよく指摘した。

中国に対し「無力感」なら、日本に対しては「全能感」とでも言おうか、「国内感覚で非難し一刀両断すればいい」といった発想が見えるのは、すでに述べた。日中という重要な隣国に対し「全能感、無力感」では韓国外交にとってよくない。そういう主観的な心情によって外交方針を立てるのでなく、客観的分析に基づいた大道をいく外交が、韓国の利益になると思う。

†中韓の感情対立

ここで、中国と韓国の感情的対立について、私の北京時代(二〇〇七~〇九年)の観察を三つ紹介したい。

まず新聞記事だ。「ソウル観光に行くと、西洋人や日本人には親切なのに、中国人には接客態度が悪い。わざわざ中国語で〈盗むな〉と書いている」「韓国のテレビドラマに登場する中国人は、ぼろ服か、腹の出た成金か、賄賂を要求するか、暴力分子だ。遅れて野蛮というイメージばかりだ」などという指摘をよく見た。ある世論調査で、嫌いな国のトップが韓国、二位が日本だった。

次に、北京五輪の女子アーチェリー（中韓ともに強豪）で互いに相手を非難し、感情の対立が高まった。中国の新聞が大きく報道し、年を越えても論争が続いていた。五輪のある日韓戦で、中国の観客からのブーイングが日本より韓国に対して大きく、韓国がショックを受けたこともあった。五輪前の聖火リレーでは、中国側がソウル中心街で暴力行為を行ったとして、韓国の強い反発を呼んだ。その一方で、二〇〇八年に四川《しせん》大地震が起こった際、「中国の人口が減ってよかった」という韓国の心ないネット書き込みが、中国の怒りを買うこともあった。

　第三に、北京の韓国大使館文化院はうらやましいほど大きかった。韓国語、韓国料理の教室を開き、公演用の立派なステージを持っていた。私はこの院長と二、三度会ううちに、「韓国ドラマやK－POPは中国で大人気ですね。うらやましい」と言った。院長が言うには、「いえ、とんでもない。私は日本がうらやましい。歌舞伎や浮世絵といった日本の伝統文化を中国は高く評価するじゃないですか。日本で独自の発展をとげた文化と認めている。中国も、韓国の現代文化はエンターテインメントとして楽しむ。でも、韓国の伝統文化（キムチを含む料理や舞踊など）を、中国は韓国文化とは認めないのです。中国の地方文化ないし亜流文化と見るのです」。

　この「中国の地方文化と見る」で想起するのは、古代史に関する中韓の歴史論争である。

韓国では新羅、百済、高句麗を三国時代と呼び、韓国史として学校で教えているが、中国は高句麗（や渤海、時に百済も）は中国の地方政権だとの位置づけをしている。これは、世紀の変わる頃から韓国人の憤激を招き、学術論争を超えた問題となっている。

†大国に囲まれ、鋭い外交感覚？

日本の有力大学の教授が、「韓国は地理的に米露日中という大国に囲まれ、もまれて苦労してきた。鋭い外交感覚があってもも不思議でないのに、なぜこうなんでしょう？」と私に話した。私は「そうなんです。ずっと昔は、置かれた状況下で最善に近い外交をやっていたと思いますが」と答えた。

実は韓国には今も「絶妙な外交感覚」があり、難しい綱渡りをみごとにこなしていると思っている人が多い。トランプ大統領を説き北との対話に向かわせたのも、その自信を強めたはずだ。中国には「サード」で煮え湯を飲まされ（ミサイル防衛米韓合意に中国が反発）、「平気で手のひら返しをする国」という認識が国民レベルで広がったにもかかわらず、「米中どちらにも偏らないのが、最善の道」と考える人が多かった。私がソウルで読んだ外交専門誌は、「米国か中国か、その選択をできるだけ後にずらす、遅らせることが韓国の国益」と主張していた。それではダメ、米韓同盟が基軸だとの声もあるにはあったのだが。

韓国には、外交が上手いというセルフイメージがあるのだ。彼ら自身が言う「途上国心理」（大国にだまされないぞ！）のため、自由民主体制やその価値観や同盟が、「実体の薄いお題目」に見え、「こういうビッグワードを信じたら危ない」との独自の感覚がある。そしてこの感覚こそが、韓国外交を危うくしているのではないか。かかる理念や同盟が外交・安保の核心なのは言うまでもないのだが。

「西側陣営にいた」ことを、克服すべき過去ととらえる韓国だ。言葉の上では、米国との同盟重視は変わらずというが、ホンネは違う人が少なくなかった。

外交自体ではなく、高校・大学の「第二外国語の選択」の話を付言したい。二〇一一～一二年は、以前からの中国ブームの渦中にあり、東日本大震災の直後でもあった。大学のでは中国語を選択する人が日本語の三、四倍になっていた。高校ではかろうじて日本語が多かったが、やはり日本語学習者が減り中国語が増えていた。

高校の先生方が言う。

「富裕層が多く教育熱心な地域では、圧倒的に中国語です。これからは中国の時代だ、日本語など勉強しても役に立たないと、親は子供に言う。高校生は、アニメや漫画の影響で、また日本の友達がほしくて、日本語の人気も根強いのですが。中国人と友達になりたいから中国語というのは聞かない。平均か貧困層の多い地域では日本語がやや多い」

「一九九〇年代終わりに日本語人気が高まり、ドイツ語の先生が上に言われて泣く泣く日本語に転換することがあった。今は日本語の先生が中国語に転換する。ある財閥のトップは、子供二人を高校時代から中国に留学させました」

その後変化があった。中国語の勉強も楽ではない、仕事でそう有利にもならないとの認識が広まり、一方日本企業就職の志望者が増えた（企業側が韓国学生採用のルートを見つけた事情もある）。ただ学生たちは中国勤務も喜んで行く。ビジネス全体ではアメリカと中国が二大ターゲットであり、これに次ぐのはＡＳＥＡＮ、ＥＵ、その後に日本だという。

†最近の変化——反中感情の高まり

二〇二一年初めから「中韓キムチ論争」があった。キムチに似た泡菜《パオツァイ》は中国のものだとの主張に、韓国は「中国はキムチ文化を盗もうとしている」と反発した。相手のキムチ製造過程が不潔だとの批判が、双方で現れもした。

また今年二月の北京冬季五輪で、韓国が金メダルを期待した男子ショートトラックで中国に有利な判定、韓国選手への失格処分が相次ぎ、反中感情が高まった。これもあってか、すぐ後の大統領選挙（三月九日投票）の過程でも中国は論点になった。尹錫悦候補がサード追加配備等中国への厳しい姿勢を示し続けたし、李在明《イジェミョン》候補はじめ進歩陣営も、「中国配慮が目立つと、有権者に不評」だと意識するようになった。

本節で紹介したように、「韓国の力が高まったのに、中国は相変わらず韓国を下に見る」との不満がくすぶって久しい。同時に、「韓国経済の将来は中国が握る。だからものを言わず我慢する」との暗黙の了解もあったようだ。だが、自負心の強い最近の二〇代三〇代は、「韓国を小国と見下す」中国も、「中国に遠慮してものを言わない」韓国も、もはや許容しなくなってきているようだ。

韓国の若い世代には、近年の韓国の対中外交が屈辱的だとの批判が多い。彼らは、韓国は純然たる先進国であり、中国よりずっと文化水準が高いと考えている。韓国は大国に囲まれた受動的存在だとばかりは見なくなっている。

上述した「中国には無能感、日本には全能感」という傾向を韓国が克服し、二つの隣国への各々理性的な見方を形成していくのか。期待を持ちつつも冷静に見ていきたい。

5　安保意識の日韓「逆転」と北朝鮮

†安保意識の「逆転」

前章で、一九九〇年を境に、前後を「古くよくない時代／新しいよい時代」と二分する韓国の時代感覚を紹介し、そこには対外関係も含まれると述べた。実は一九九〇年頃まで、米国との同盟関係について、国民レベルの支持においては、日本より韓国のほうが優等生だった面がある。韓国国民は、北朝鮮からの現実の脅威を何度も経験し（最たるものは一九五〇年からの朝鮮戦争）、安全保障の厳しい現実をよく理解していたからだ。

かたや当時の日本の世論は、戦争絶対反対を叫ぶ一方で、ソ連や中国、北朝鮮からの脅威認識は薄かった。「一国平和主義」と言われるほど、海外からの脅威認識は弱く、世界各地で戦争や内乱が発生している現実感覚も薄かった。新聞では「米国一辺倒」を戒《いまし》める論調が多かった。「平和憲法があれば日本の安全は大丈夫」とでもいうような、ややユートピア的な状況さえあった。

一九八〇～九〇年代はじめに会った韓国の学者、官僚で、日本の「国家安保を忘れたような、コスモポリタン的発想」を嘆き、不安視する人は多かった。理由のあることだった。

一九八六年、研修生であった若い私に、韓国の偉い方がこう話した。

「こんどまた北が攻めてきたとしても、国軍があるし韓米同盟があるので、絶対に負けない。前回（一九五〇年）のように、釜山まで攻め込まれることは絶対にない。ただ、韓米同盟が発動するとすれば、米軍は日本の基地から兵士を派遣し、物資を輸送します。それだけを見ても、韓国と日本との関係は死活的に重要です」と。

私はかろうじて米韓同盟についての知識があったが、日本人のほとんどは念頭になかった頃だ。しかし昨今は逆に、日本側が韓国に話す、韓国側は知らない、ということもある。

ざっくりいえば、安保意識について日韓がある面において「逆転」した感がある。八〇年代の日本は先述のようであったが、九〇年代に入り、カンボジアPKOや湾岸危機を通じ、国際情勢一般や、日本を取り巻く厳しい安全保障の現実が幾分見えるようになった。

韓国はどうか。世論には、米韓同盟維持はほぼ異論ないとしても、〈日米韓、日韓の結束〉といえば「冷戦時代の残滓の発想」「それでは中国との関係から、持たない」「日本の関与など許さない」と否定的に見る傾向がある。「安保は米国、経済は中国。米国にあまり傾かず、米中を足して二で割る路線が最善」との声が、私のいた頃は多数派だった。

安保意識の「逆転」はあるのだが、一つ重要な注を付す必要がある。近年の韓国は着々と国防を強化している。国防予算は進歩政権においても大幅に増加しており、いまや日本の防衛費に肩を並べた。「経済も国防も同じで、国力を増強すべきは当然でしょう」と、進歩派の知人はあっさり言う。

†北朝鮮に対する韓国の感覚

九〇年代末のソウル勤務時に気づいたことがある。北のミサイル発射に韓国政府は一応の公式見解を発表するものの、国民はまるで他人ごとなのだ。韓国の軍の船舶が攻撃され死者が出れば、一時は北への非難の声も上がるのだが、程なく消えてしまう。この「安保不感症」「他人ごと」傾向を嘆く、軍出身の年配の知人は、こう解説した。

「昨今の韓国民は、北から武力攻撃を受けても、南北連絡事務所を爆破されても、現実感覚があまりない。あ、またやってるなとゲーム感覚で見ているようです。一つは北を実態以上に見くびってるのです。装備が古くても制服がボロくても、田舎のやくざではなくれっきとした国軍だと、私はいつも言うのです。互いにゲームをしているだけだと若い連中は見ているようですが、これは非常に危うい」

二〇一七年に北朝鮮が核実験を行った時、私が乗ったタクシーの運転手は、「北はよくやっている。経済は我々韓国が一歩前をいくかもしれんが、世界を向こうにまわし堂々と立ちまわってるのは、北だね」と称賛していた。これを米国人の大学教授に話すと、「そうなんだ、北の核・ミサイルが素晴らしいと言わんばかりの韓国人が多いのには驚く。北がいいと思ってる人などいない、むしろ北を憐れみ見下しているのに、なぜ拍手するのかね。米韓同盟はどこへ行ったのかと思うね」とうなずいていた。

日本人は「南北統一は民族の熱い願い」と考える。だが、北朝鮮に対する韓国国民のホンネは、日本の想像より冷めている。幾度となく聞いた話を紹介したい。

「北はできの悪い遠くの親戚みたいなもの。顔も知らないしあまりに評判が悪くて関わりになりたくない。家に転がり込んでくるなんてとんでもない、勘弁してほしい。親戚だから、あまり突き放した様子は見せられないだけ」

「自分は就職できない、親はリストラされるという中で、北を支援するなんてとんでもないです」

二〇一一年一二月、北朝鮮の金正日総書記が死亡した。新聞は連日一面から八面まで全面ぶち抜きの北朝鮮特集報道だった。この時、某大新聞の知人から聞いた。数日経ち、読者から、「もういいじゃないか、いい加減にしてくれ。よその国の報道をいつまで続けるんだ」という声が少なからず寄せられたのだ。「「よその国」ですよ。一般国民の感覚が正直に表れたのだろうと、社内で話題になりました」という。

さかのぼって一九九八年、権五琦《クオンオギ》副総理・統一部長官が当時の日本大使と食事懇談し、私は通訳としてその場にいた。権氏は東亜日報社長も務めた有識者だ。ドイツのゲンシャー外相と何度も会い、東西ドイツの統一について詳しく聴取して得た所感を長官は語った。

「要するに、統一はドイツ民族の問題ではなく国際問題だったのです。ゲンシャーが心を砕いたのは、東ドイツより、米、英、仏、ロシアとの関係でした。両ドイツが各々東西陣営の優等生であったドイツすらそうだったのです。多くの国が数十年間、東西に分かれたドイツと複雑な国家関係を築いてきた。韓半島もそうで、安全保障や経済をはじめ絡まった国際関係の中に南北があるわけです。民族という一念でなんとかなるものではない。韓国民はこの点を十分に理解しているとはいいがたい」

権氏のこの指摘は、その後新聞等で世に知られることになるが、「民族の思い」を軽視されたのではない。それを振り回しても国際関係は動かない。加えて、北という存在を考えた場合、この「思い」を軸に動けば、韓国の利益にも国際社会の利益にも反する方向に進んでしまうとの、深い考察だ――知人はこう解説した。

近年（私の在勤当時）は、韓国が南北関係や統一問題の「運転席、操縦席」に座るべきとの主張が増えた。今は亡き権副総理は、どう見るだろうか。

†南北対話で国内支持率大幅アップ

知人の保守系の国会議員がよく嘆いていた。

「まず何よりも大韓民国という国の利益、安保を考えるべきなのに、そうならない。民族にとらわれて国家を看過してしまう。民族という一声を聴くとひれ伏せる、ないし黙認してしまう傾向がある。しかも、本当に韓半島の将来を考えてではなく、国内政治の点数稼ぎ、当面の支持率向上の手段として「民族、統一」を活用する。非常に危ういことだ。でも現実に、これが政権の支持率アップに何よりの特効薬です。「民族の旗」を振って対話を唱えると、劇的な効果がある」

日本ではよく知られていないと思うのだが、一九八〇年代の一部学生のように、韓国社会より北が優れていると考え、北の体制を目指す向きは、昨今ゼロに近い。「統一は民族の悲願」というのは今でも「正答」であるが、上述のように、「関わりになりたくない」「支援などとんでもない」「よその国」というのが実際の韓国社会の心理に近い。

識者や知人の話では、今ある問題はむしろ、北の力を過小評価し、韓国の安全保障は盤石と過剰なほどの自信を持ち、「見下し、割り切り、ゲーム感覚」が強いことだという。その分「民族の旗」には頭を下げるのだろうか。韓国通の日本の知人は「韓国は、北を（麻雀でいう）安パイとみている」と表現した。同じ話だ。

これは一九九〇年代終わりに名の知られたソウル大教授から聞いたことだが、彼は北を訪れ、識者と対話をした。〈強盛大国〉と言っておられるが、このままでは〈弱貧小国〉になりますよと指摘したら、先方は怒るのでなくじっと話を聞いていたという。北とのこういう真摯な対話はもうない、北の現状を前提にした割り切ったゲームなのだろうか。

一つ基本的な留意点を書くと、韓国では、「日本は南北統一に反対だ」という固定観念が強い。この考えは九〇年代にはすでにあった。だが当時から日本政府は、国会等で質問されると「平和的な、また朝鮮半島や東アジア情勢に自由と安定をもたらす方向で」統一を支持すると答えていた。「翻訳」すれば、「北主導でなく、韓国主導で、平和的に」という意味である。当然、これは韓国が目指す方向でもあろう。今も同じはずなのだが。

日本も米国も国連も、北のミサイルや核実験に厳しい姿勢でのぞみ、制裁措置を取ってきた。韓国もその多くを共に担った。でも、韓国には「日本が統一を邪魔している」という強い思い込みがある。日本が国際社会とともに北に何かものを言うときは——安全保障でも、拉致や人権でも、これが出てくる。

一昔前は「強大な統一朝鮮ができるのは日本にとって悪夢だから、日本は嫌がるのだ」と韓国は言っていた。この解説は今後も続くのだろうか。識者に聞いてみた。

「韓国のホンネが、近い将来の統一ではなくなって久しい。美しい理念は唱えても、責任ある当局者には、南北それぞれの国内レトリックの中で、対話や緊張を処理し活用しようとする発想もある。でも、この民族統一の旗を降ろすことはできない。現実味がなくてもその日本批判は残るかもしれない」

†「安保だよ」

一九九〇年代初め頃、外務省内で韓国について話してほしいと頼まれ、三〇歳過ぎの私が、韓国での見聞、言葉や文化の親近感、韓国人の日本への強い関心について、そして経済や歴史の話をした。当時の上司がこう言った。

「道上君の話はよくわかる。大事なことだ。人の交流はどんどん進めればいい。ただ、国と国の関係はやはり、安全保障が核心だよ。漢字文化とか東洋的発想とかなら、まず中国だろう。でも日本外交がなぜ韓国を前に置くかといえば、答は安全保障だ。韓国は同じ自由民主陣営であり、それぞれに日米・米韓同盟があるからだ」

当時の私ははっと目が覚める思いだった。役所外の知人の中には、この話に首をかしげる向きもあるが、この上司の指摘は正しいと思う。

国家関係は国民と国民の関係を含む。友好関係は非常に重要だ。ただ、安全保障という冷徹な目的が、国家間関係の基軸にあることはまちがいない。友好親善が外交安保の良好な関係を保証するものではない。その限界は認識しておくのがよい。

外務省に入省した頃、同僚から聞いた話を思い出す。研修所で中国語を教えるシニアな大学教授（日本人）は、「深遠な哲学よりも日々の実務に頭が行く外務省」をいつも嘆いているというのだ。この方は中国の深い理解を志したのだろうが、国と国の関係が「哲学、教養、友情」で片が付くわけではない。実務や交渉が必要だし、国の立場が対立もする。優秀な人も国家スキームの中では、それに従う。その点は冷静に踏まえる必要がある。

私自身、文化交流や青年交流、学術・スポーツ交流を進めてきた。大きな効果がある。その点を認めない人に私は強く反論する。韓国語の勉強は夢中になるほど面白かったし、尊敬できる多くの友人を得たことに深く感謝している。だが国家関係は――順調な時はそこがあまり見えないが――それとはまったく違う力学で動くものだ。

本書では、韓国のここ二〇年近い間に生じた変化をいろいろ書いた。日本に対する感覚の鈍さや不正確な理解はもちろん問題だ。だが、対米、中、北朝鮮関係を含め、外交・安保の基本方向がどうなっているかが、最も肝心なところだ。

官民とも人の交流は大幅に拡大するのが望ましい。私の在勤時代の中国のように、「中国を嫌いな国を重視し、毎年大勢人を招き、理解を進めます。一〇年、二〇年やれば変わってきます」という粘り強い姿勢が、冷徹な国益の観点からも、ぜひ必要だ。

6　ビジネス

†日本企業はライバルではない

ここで話を転じ、ビジネスにおいて韓国が日本をどう見ているか、エピソードを紹介したい。

八年ほど前、サムスン、LGという二大財閥の総帥《そうすい》自身の口からこんなことを聞いた。
「部下たちは、日本企業はもう自分たちのライバルではないと言います。私はいつもその傲慢さを戒めるのです。日本企業は今でも底力がある。一〇年先を見た技術開発は韓国にないものだと」

これは、日本大使が両財閥幹部を別々に招いた会食でのことだが、はかったように同じ発言があった。二人とも日本での生活経験がある。部下といっても専務・常務を含む重鎮なのであって、「日本企業はもうライバルでない」と感じているのはエリート層の広い範囲に及んでいるのだなと思いつつ話を聞いた。

韓国ビジネスの強さは日本でもよく知られている。積極的な海外展開と現地食い込み。トップダウンの迅速な経営判断。熾烈な社内競争。「売れる」ものを作る工夫と市場調査。食事の席でも、世界各地での投資案件をよく理解し一番悩んでいるのは、トップ自身であろうことがうかがえた。東南アジアやヨーロッパの、中南米やアフリカの国情を、ビジネス折衝の苦労を（具体論は避け一般論の形で）語っていた。

上記総帥の一人は、日本の「一〇年先を見る」技術力称賛に続け、「でも一〇年先のことは誰もわからないんです。米国も日本もわからない。いや、技術力は重要なのですが」と付け足した。彼はこう言いたかったのではないかと私は想像する。「技術は重要だが、それはビジネスのいくつかの柱の一つ。日本は技術には比較的強いが、大きな戦略判断とそのスピード、海外での現地食い込みとニーズ把握が弱い。柔軟で大胆な組織改革についてもだ。自分たちのほうが頭と足を使っている」と。

少しさかのぼり、一九九九年、サムスンの総合研修所に招かれ、世界各国に派遣される三〇代前半を中心とした一〇〇名近い人たちの前で講義をした。サムスングループの家電、建設、貿易商社、プラント、金融等各企業が集まり、世界規模のビジョンや世界各地域の動向、業種別の業績目標が若い世代に共有されていた。「何でも好きなように変えろ。ビジネス手法でも前例でも。ともかく成果を上げよ。成果がなければ君は戻る席がないかもしれない」とハッパをかけられていた。

階段教室の座席に一つずつパソコンが内蔵されていて、私が壇上に向かうと同時に、一斉に音もなくパソコンがせりあがってきて、ノートとペンでなくパソコンでメモをとっていた。二三年前のことで、「近未来の映画のようだ」と私は目を見張った。日本のビジネスマンにたずねたら、会社・業種を超えての海外派遣研修は日本のどの大企業でも聞いたことがないとのことだった。

実は二〇一三年にも同じサムスン総合研修所に招かれ、こんどは日本人グループ相手に話をした。サムスンがその技術に着目して買収した、日本のさる地方の中小企業だ。純朴でおとなしい方たちだった。「相手が日本語のうまい人でも、察してくれると思って黙っていたらだめですよ、皆さんの意見や要望は口に出して言わなければ」と話した。サムスンが買収して町工場の技術が残ったとはいえ、一日本人として複雑な思いであった。

その後、日本を非常によく知る経済界の知人が語ったことも紹介したい。「百年二百年続く蕎麦屋、刀鍛冶《かたなかじ》、織物、酒醸造など日本の匠の伝統、職人気質。それは韓国人も知っています。皆、感心しリスペクトします。ノーベル賞を毎年のように受賞しているのもすばらしい。コロナ下で毎日使うようになったQRコードが日本のデンソーさんの開発だとは知っています。でも、日本が米国や中国、ドイツより技術力が高いと日本の方は本当に思っているのでしょうか」。

†日本企業は営業が弱く、国際性が弱い

以下、第三国の視点から、日韓のビジネスを比較してみようと思う。

中東最大のビジネス拠点ドバイで勤務したときのこと。中東は日本へのリスペクトが高いのだが、ビジネス面では官公庁や有力企業からよく苦言が呈された。

「日本企業は、製品に自信がありすぎるのか、マーケティングというものをしない。私のところに、英米仏独中韓の企業が軒並みやってきては、売り込みをしたり雑談をする。ラ

ンチにも行って自然に親しくなり、私もその企業の情報を得る。でも日本の企業は一度も来たことがない。入札のときに一〇〇〇頁もの書類をどんと届けるだけ。ふだんの地道な営業努力を、日本だけ知らないようだ」（さる役所の長官）

「日中韓の企業と取引がある。日本は、新しいことをこちらが提案すると迷惑そうな顔をする。中国韓国は新しい話を喜ぶ。ドバイに商談に来るのは、日本は課長。韓国はトップか幹部が訪れる。ずっと以前からそう。昔ならそれでも日本に軍配が上がったが今はちがう。日本は持ち帰って相談と言うばかりで、こちらとはペースが合わない。出張に行くと日本は神経質にチェックしてくる。それはいいのだが、日本のビジネスは窮屈で的が小さい。アラブの気質に合うのは韓国で、まずは遠くからよく来たと一緒に遊んで意気投合し、それからチェックしてくる。中国は友情もビジネスモデルもないが、財布が大きい。取るものはしっかり取っていく」（経済界の大物）

「私の父は、日本企業はファイターだ、果敢で研究熱心だと言って尊敬していた。私もその話を聞いて育ったが、今の日本企業はファイターではないと思う」（経営者）

「一九八〇年代、電球やラジオは大抵が日本製。九〇年代は日本製のテレビ、ステレオがあこがれの的だった。今も自動車は六割強が日本製。でもテレビなどの家電は韓国製が強く、日本製品はあまり見かけなくなった。私たちの世代は、高品質なのは日本だと思って

いるけれど、若い連中はそうではない。日本企業より韓国企業に親近感を持っている」（私と同世代の知人）

次は中国でのこと。一九九〇年代末、北京、上海等の空港付近や地方都市の町中で、「サムスン」「ヒュンダイ（現代）」「LG」「ロッテ」といった韓国企業の看板が増えた。数年後には、韓国企業のほうが日本企業より存在感があると感じるようになった。二〇〇八年、北京で会った韓国のビジネスマンは、「韓国やりますね」と言う私に、こう答えた。「私たちの先生は松下幸之助さんです。その教えどおり、地方を歩きまわって代理店網を作ってきました。老夫婦がやっている小さな店にも商品陳列を指導し、消費者の細かいニーズを吸い上げ、販売網を開拓、拡大する。私たちはこのやり方で中国で成功しました」「では、日本企業は？」と聞くと、少し困った顔で答えてくれた。「日本の方は、近年は、地方食い込みに熱心でないのかもしれませんね」

北京大学には韓国企業からの寄付でできた校舎、研究棟がいくつもあった。企業名がついている建物もあった。北京大の研究部門と連携し、優秀な人材を採用している。その話を日本のさる大企業幹部にしたところ、「北京大学？　いやあ、行ったことないですね」とつれない返事だった。田舎町でも名門大学でも、韓国のほうが足を使って食い込んでいるのかと残念な気がした。

最後に、ビジネスに関係した「国際性」「人材派遣力」の話をしておこう。

中東UAEのある町が、韓国の支援を受けて病院を建てた。韓国の医師、看護師、医療技術者など二〇〇名余りが派遣されて住んでいる。韓国の非常に有力な大学病院が協力した。地元社会への直接的な貢献として、韓国はとても高く評価されていた。

日本であれば、医師三、四名を一年間派遣するのも大ごとではないだろうか。「外国へ一年（三年）行って仕事したい人？」と聞いた瞬間、韓国では優秀な人が大勢、競って手をあげるのだ。母国を離れ海外で仕事することが、キャリア設計においてプラスになるのだ。残念ながらこの点で、日本は韓国から大きく水をあけられている。

以上、地道な営業努力も海外への積極性も、かつては日本の得意分野だったが、今は中韓の後塵《こうじん》を拝することが少なくない。そして日本人の多くはそのことを知らない。

7　若者の日本観と教育

†若い人の時代になれば大丈夫

「若い人の時代になれば大丈夫、日韓もうまくいく」という楽観論を、私は一九八三年の入省以来ずっと聞いてきた気がする。八〇年代には、観念的な反日論で日本を暗黒に塗り固めようとする大人に対し、実際に日本を訪問した学生たちが「本当の日本はちがう！」と堂々とチャンレンジすることもあった。今世紀初めまでは、多くの人が「今後うまくいくだろう」と楽観した時期もあった。

今はどうだろうか。見方は人による。韓国では大半の教授や官僚は――イエス、楽観論だ。日本ではイエスはずっと少ない。私も単純なイエスではない。

韓国の若い世代についていえば、二つの相反する面があると思う。まず、若い世代には、韓国の古いナショナリズムへの嫌悪がある。彼らの韓国への自信、自負心とは波長が合わないようである。成人前から日本を観光する人も少なくなく、現実の日本を見る目、開かれた目が育ってもいる。日本文化（アニメ、小説、ドラマ、映画等）の影響を言う人もいるが、二〇年前のほうが日本文化の影響力はもっと大きかったし、文学や読書の影響はなおさらかつてのほうが大きかった。私は、観光や文化（寿司、居酒屋などの食文化も含め）の影響は限定的だと思う。「冷戦時代のソ連で、ハリウッド映画に憧れコーラが大好きな若者の多くは、強硬な反米だった」と聞いたのを思い出す。

他方で、観念的な愛国教育、反日教育の影響が強くなっている。韓国では「江南《カンナム》左派」という、富裕な地域の学校で「左翼教育」をする教師たちへの批判がある。韓国の六〇歳前後の知人が言う。「うちの娘はもうすぐ三〇歳ですが、驚きますよ。駅や銀行などソウルに残る日本時代の立派な建物を見るたび、「日帝」の搾取だと言う。李承晩や朴正熙という国を築いた人への尊敬もない。今の子どもは小学校時代からそういう教育を受け、その発想を仕込まれている。若い世代の日韓交流は、以前よりかえって難しいのではないかと思う」

かつて――三〇〜五〇年前――も、日本の植民地支配を強く批判し、ひどい、ずるい、悪辣《あくらつ》とする小中高教育はあった。だが、社会に出ると、ビジネスでもファッションでも、法制度やデザインにおいても、日本から熱心に学んだ。日本は時に先生であり憧れであった。それが、日本の否定的な印象をある程度相殺《そうさい》した面がある。この四半世紀、それはほぼない。

†北朝鮮観の変化と反日

それに加え、私より三、四歳年長の知人が語ってくれたのは、学校での「反日」意識形成と北朝鮮との関連だ。

「反日教育は、昔もやっていました。学校で悪いと教えられるのは、北朝鮮と日本。大きくいえばこれは昔も今も変わらない。でも私たちが子供の頃は、北は人間であって人間でない、平気で人を殺す、角の生えた怪物が目の前に現れるように恐ろしく、憎んでいました。悪い存在といえば圧倒的に北でした。日本は、はるか遠くに望む先進国でした」

「今は全然違う。国防の必要や六二五（朝鮮戦争）は授業で少し触れるかもしれませんが、北は和解し連携すべき同胞だと教える。植民地時代に日本がひどいことをしたということは昔も教わったはずですが、あまり印象には残らなかった。当時は従軍慰安婦の話はなかったけど、今の先生はここを詳しく熱心に教えますね。学校で教わる否定的な印象は、昨今は、北というより日本かもしれません。もちろん先生にもよるでしょうが」

　歴史の授業で日本による植民地支配を、さまざまな面を含め韓国が教えること自体は自然なことだと思う。問題は、正確な事実に基づかない教育をすること、感情的な表現を注入し「悪」のイメージに塗り固めることだろう。ちなみに、二〇〇七年から二〇〇九年にかけて中国に勤務した時、共産党の中堅幹部が「国の歴史を正確に教えつつも、日本との友好関係構築の重要性を教える。それは政府には難しく、党が手綱《たづな》をさばいて指導する」と述べたのが印象に残っている。韓国では政府ないし政治指導部が、そういう大局観で手綱さばきをすると聞いたことはないが、どうだろうか。また、中国は今もそうだろうか。

8　民主主義と外交

†民意と外交

二〇一三年、韓国外交部の実務責任者と食事した時のことだ。彼がしきりに強調したのは、「韓国は成熟した民主国家だ。だから外交も世論に沿ってやるほかない。日本はそこをもっと理解してほしい」ということだった。慰安婦問題、韓国内でそれを主に担う団体を彼は明らかに意識していた。韓国政府はその意見に沿ってやるしかないという趣旨であった。経済界の人や互いの上司もいる席だったが、私はやや長い反論をした。

「ちょっと待ってください。どの国でも外交当局は、国内のいろいろな意見や利害を視野に入れつつ、国益上最善の政策方針を決める責任がある。国内で人気のない方針が最善なら、非難されても、政治家なり関係者なりを説得する必要がある。その作業をせず、ともかく特定団体の意見に従うのだというのは、外交の放棄に近いですよ」

人を介して聞いたことだが、彼は同じ趣旨を在ソウル日本特派員たちに話し、その時には、「我々は先進民主国家だからこういう悩みがある。日本の方にはよくわからないかもしれないが」と付言していたという。日本の特派員たちもさすがに呆れ、「あの局長、日本と中国の区別ができてないんじゃないか」との声があがったという。

その後、二〇一五年一二月、苦心の末、慰安婦問題に関する日韓合意が成立した。だが韓国では、政府の意向で「慰安婦合意タスクフォース」が設置され、この合意の過程を批判し、実質骨抜きにするレポートが発表された。この合意に関与した韓国外交部の実務責任者が激しく糾弾された。このタスクフォースの中心にいた人物に会うと、彼は開口一番私に、「あれは日本政府を批判したものではありません」と言った。このレポートには多々問題があると韓国でも指摘されているが、私が彼に指摘した核心は一点。先述の食事会と同じで、「韓国外交の放棄に近い」ということだ。

「政府（外交当局）が、厄介な問題について民意に沿うべきなのに自分で考えて判断して動いたのがよくなかったというレポートですね。単に国内最大団体の意向に沿うべきだったというのですね。それでは果たすべき外交当局の責任を果たせない。韓国外交を弱体化させるのではないでしょうか」との趣旨を伝えた。

†裁判官は「法と民意に従う」

権威主義を脱して民主主義になったことが、何らかの副作用を引き起こすことがままある。外交、安保、法の解釈と運用、経済政策など、国の基本機能を動かすためには、専門知識を有し訓練された人が必要だ。時々の世論や「空気」に流され、専門家の判断をないがしろにする傾向があるとしたら、それはその国にとってマイナスだ。韓国の友人が言った——「これは、民主主義を重視しているように見えて、民主主義の理解が浅いのだ」と。

高位の裁判官や検察官が、就任会見で「法と民意に従い最善を尽くす」と述べるのを何度か聞いたことがある。日本や欧米の人間は違和感を覚えると思う。法の順守は当然だが、民意に従って裁判をするのだろうか。刑事事件における有罪無罪も、法だけでなく「民意」による、多数人の期待に沿った判決を心がけるという宣言だろうか。この点を知人に話すと、たいていが笑うだけだ。私の理屈はわかるが、違和感は感じないというのだろうか。民意も参照すべきと思っているのだろうか。

†「日本は法を、韓国は正義を重視」？

「日本は法を重視し、韓国は正義を重視する」という解説がある。日本の識者にもこの説明を用いる人がいる。しかし、控えめに言っても大きな落とし穴がある。

法とは何かを学んだ人ならわかると思う。正義は人それぞれだ。問題行為のある相手方を許すのも、人前で非難するのも、損害賠償を求めるのも、その人なりの正義たりうる。古い王政ならば、時に恣意《しい》的な王の正義感によって裁かれたであろう。しかし近代国家では、誰かの考えでなく、あらかじめ定められたルールに基づいて判断する。それが法治国家である。

その法は、長年の法的実践や議論で鍛えられたもの。法によって下された判断が、現世で唯一の有権的判断である。その判断が下れば、「いや、その程度の刑罰では生ぬるい。俺が罰を下してやる」という「独自の正義」の主張は、偏ったものとして排斥される。正義を称するが正義ではないものとなる。

国際法の世界でも同じ。日韓条約でも日韓合意でも同様である。しかも二国間の条約や合意では、一つの国は、二者しかいない当事者の一方。合意を形成した当時者なのだ。法とは現世で唯一最高の正義の実現だ。思うところを主張し、交渉して両者が合意した。「合意は拘束する」は、近代国際法の中心原則だ。ともに国家の権威を背負い国家を代表して交渉し合意した、ということだ。

日本は間違っており、韓国が正しいという立場なら話は別だ。しかし一九六五年の日韓協定で「最終的に解決」と規定されたものを韓国がくつがえしたこと。慰安婦に関する二〇一五年の日韓合意を韓国が掘り崩したこと。これらが望ましくないと考えるのであれば、「日本は法を、韓国は正義を重視」という、韓国側が喜ぶ論に乗るのは、賢いことではなかろう。

韓国では日本と違い、法を「細かいテクニカルな技術」とし、正義を上位の概念とみる傾向がある。韓国にも法学者はおり法を学んだ人も多く、優秀な人もいる。だがことが日本相手になると、理性的・知的議論が後回しになりやすいのは、これまで見てきたところだ。日本の識者が「日本は法、韓国は正義」と言うたびに、韓国の政府も学者も記者もこう解釈しているだろう――「ほら、日本の学者も韓国を支持してくれている」と。

二〇二〇年、「自分は、法の支配というものがこわい」と、与党民主党議員が書き込んだことがニュースになった。信頼できるのは顔のある温かい人間だということらしいが、さすがに「近代国家の大原則を、法治国家が何たるかを、立法を仕事とする国会議員が知らないのか。」と批判が殺到した。ただ、保守派の知人いわく「あれが、彼らのホンネでしょうね。法というのは前政権が決めたものも従うことになる。それは不便。自分たちの仲間うちで、よく知る者たちの相談で決めたい」。

†自国民への説明不足

韓国政府は、日韓関係の基本を国民に十分説明していない。慰安婦日韓合意もそうだったが、それ以前の日韓の基本事項について、たとえば一九六五年の日韓条約ですべての問題が解決済みになったということについて、韓国内での国民への説明・広報がまったく不十分だった。それが日韓の葛藤を生んだ要因の一つだ——と、韓国政府OBの知人は私に語った。

一九八〇年代に在ソウルの日本大使館員から聞いたことだが、韓国の方から、「日本時代の預金通帳がある。残高を返せ」「日本で勤務した会社で賃料不払いがある。支払え」等、一九四五年以前にさかのぼる「請求」の話が、当時も在韓日本大使館に寄せられていた。こうした案件は、韓国外交部に連絡すると、「一九六五年の条約により日韓間で解決済み。日韓の問題ではなく、韓国政府が国内問題として対処する」とし、韓国政府がすぐ引き取った。

日本では常識であり、韓国においても専門家の間ではよく知られていることが、韓国国民一般には浸透していなかった、というわけだ。

日韓諸条約が「日本が、弱小国韓国を圧迫した結果」だという、事実に反する俗説がいまだに根を張っていることにも驚く。このあたりは政府だけの話でなく、研究者やメディアの責任が大きいが、誰にせよ、世論から批判され「悪者にされるプレッシャー」を嫌い、説明を怠った、その責任は大きいと知人は言う。

†東アジアが民主化すれば、日本への偏見が改まるか

東アジアが自由化・民主化されれば日本を公正に見るようになるか、偏見も改まるか?

——この設問に慎重論を唱えるのは、東京大学教授の平野聡氏だ。以下、『大清帝国と中華の混迷』(講談社)の「序章　東アジアを疑う」(三三〜三六頁)による。

(中国ないし東アジアの人々は、)「「民主的」で「自由」であるがゆえに、ときとして他者に対する責任をともなわない自己中心的な考え方の放逸に陥ってしまいかねない」

「自らの国家の存在と利益を絶対視するあまり……他者から受けた被害の感情と他者への対抗心をかきたてようとするナショナリズムのあり方は、まさにひとりひとりの民衆の素朴な感情に訴えるがために、それを自由に、民主的に表現してもよいという状況の中で、一層拡大再生産されかねない」

ここで平野氏は、「たとえば、ナチズムなどはその典型例であろう」とし、また戦前の日本の対外強硬論の高まりにも言及する。

「現実の政治体制がたとえ自由で民主的ではないとしても、そのような発言をすることが認められているならば、発言をする人は自分がかつてなく「自由だ」と思っているに違いない。これがナショナリズムの持つ魔力である」

平野氏は、中国のナショナリストたち、若手の韓国のナショナリストたちの心情はかかるものだったであろうと述べる。また、近年の日本のナショナリズムにも、同じような傾向があることは否定できないとする。

「大国主義を掲げたり、わが国こそが人類のあり方に照らして常に正しいと考えたりする人々は、じつはそのような発想こそ、彼らが憎んでやまない日本帝国の負の遺産なのだという問題に気づくべきである」

彼らの言うところの「自由・民主」が進むにつれ、ナショナリズムの波に乗った「正しい」歴史認識、「正しい」主張に拍車がかかってしまう。客観性・合理性のチェックや自省が働くのではなく、自己中心の放逸《ほういつ》に流れる。平野氏は、その危険ないし実態を指摘している。さらに言えば、それが本当の自由・民主と呼べるかという話でもあろう。

9　日韓比較あれこれ

†韓国＝大阪論

ソウルにも釜山にも、町の中に二〇〇〜四〇〇メートルほどの山ないし丘陵がある。私は週末よく軽い登山をした。まずソウルで、途中小休止してから歩きだした時、後ろから大きな声で何か叫ぶ人がいる。振り返ると、私が手袋を置き忘れていると身振りで示してくれていた。数年後、恥ずかしいことだが釜山でも全く同じことがあった。

釜山で地下鉄から地上に上がる小さなエレベータに乗っていたら、私の服の首筋を後ろからつかんで引っ張る人がいた。驚いて振り返ると小柄な中年女性で、私の衣服の折り返しを笑顔で整えてくれていた。すぐそうだとわかったので私も笑顔でお礼を言った。

ソウルの床屋で順番を待ちつつ新聞を読んでいた。客の一人が帰り、私より後に来て待っていた男性が席に着こうとした。子供を連れてきた四〇過ぎの見知らぬ女性が私にしきりに目配せする。「あんたが先だよ、抜かされるよ」という合図だとわかり、私が立って「自分が先だと思うが」というと、男性はすぐ詫びて席に戻った。大阪ではこの女性のような人が多い気がする。東京はどうか。わからないが、知らぬふりをする人も多いのではないか。

私自身が大阪人なので、大阪について率直に言うほうなのだが、ある意味において、韓国と大阪は似ている。

一番感じるのは、「自分は善良な人」という自意識が強すぎることだ。自分は情に厚い、裏表のない、明るい、よい人だと確信している。自分が人に不快感を与えるかもしれない、人を差別するかもしれないという認識がない。

よく言う「大阪のおばちゃん」は、道端でしんどそうな人を見ると「あんたどうしたん？」と声をかけ、飴をやる、親切なよい人だ。だが、「大阪住んで、大阪弁できんような人は、あかんな」と平気で断じたりもする。大阪が肌に合わない、言葉が苦手だという人も当然いるだろうに。「東京もんは体裁ばかり気にして、あかんな」と言う。だが、東京が表面をなでるだけ、核心をつかんでいるのは大阪、というケースはそうないと思う。

†ふだん聞かないロジックを受け付けない

自分は善良な人だという自意識が強すぎることは、「ふだん仲間内で聞かない分析、ロジックを受け付けない」体質とセットでもある。

次のような韓国でよく見る傾向もこれとまったく同じで、「日本からは実際どう見えているか」という視点に全く考えが及んでいない。

「ぼくらは寿司や日本観光が好き。だから反日でない」

「はは、難しいことを言うなよ。我々が交流を進めれば万事うまくいく」

「嫌韓は一部の右翼だけ。日本人は今も韓国が好き。嫌韓などという泡はすぐ消える」

次に、大阪は東京をライバルと見ているが、東京は大阪をライバルと見ておらず、「地方都市のひとつ」くらいの扱いであるのが大阪は悔しくてしようがない。四半世紀前までの韓国と日本の関係はまさにそうで、スポーツでも経済や国力の指標でも、韓国は日本をライバルと見て意識し、ファイトを燃やすのは韓国側だけ、日本は韓国をライバルとは思ってないなかった（今はだいぶ違ってきた）。

一つだけ書いておけば、問題の本質にストレートにせまる迫力は、大阪・韓国にあると思う。東京（日本）は、問題の解決を唱えつつも、実際には、段取り・手続き論にかなりの時間とエネルギーを費やすとすれば、日本の惜しいところだと思う。

†在日韓国人の指摘

昨今の韓国が的外れな日本観に陥っていることを、日本をよく知る韓国人も指摘している。ただ韓国内では知られていない。韓国メディアで報じられるのは、「日本では今も同胞が差別され、嫌韓の被害にあっている」という話が多い。日本で暮らし、活躍する韓国の方が韓国本国を嘆いた、示唆に富む発言を二つだけ紹介しよう。

在日作家李起昇《イギスン》氏（『統一日報』）は次のように語った。

「日本人がどういう民族かを韓国人がここまで知らないとは、呆れるばかりです」

「ボタンの掛け違いは、韓国人が、日本人も自分たちと同じような時に怒る、と思い込んでいる点にあります。（日本人と違って）韓国人は相手の譲歩を引き出すためパフォーマンスで腹を立てます」

「韓国で……自分とチング（友人）だけが利益を得ることなのに公や正義を叫びます。彼らの公や正義は、日本人のそれとはだいぶ異なります。最近の慰安婦団体の姿はこうしたことを如実に示しています」

「反省すべきは韓国のこうした前時代的な価値観です。全ての厄を他人に押し付けて、自分だけは清く正しく美しい韓国人になろうとする行動パターンがあります。簡単にいうとすぐに犯人捜しをするのです。多くの場合、犯人は日本であり……犯人を捜すと、すべてをその人のせいにして安心してしまいます」（『統一日報』二〇二〇年六月二四日）

「徴用工問題（ママ）をああいう形で問題化したのは、完全な戦略ミスでした。この件で日本が譲歩することはないのに、譲歩を引き出そうとして、韓国は怒りのパフォーマンスをしたのでした。どうやって火消しをするつもりですかね。お先真っ暗です」（同、七月八日）

三〇代初めから日本で三〇年暮らす、私と同世代の韓国人大学教授はこう語る。

「食堂で、料理に髪の毛が入っていたとします。韓国人なら、こんなものを食わせるのかと大声で怒り、店長を呼んでこいと言うでしょう。店長がおわびをし、お代はいただきません、となる。ぷんぷん怒って店を出るが、一、二カ月後には「また来たよ」と笑顔でその食堂にやってくる。日本人は、何も言わないか、支払った後でひとこと言う。大声は上げないが、その店を再び訪れることは決してない。たぶんその地域にも二度と来ない」

「韓国人はこの違いを全くわかっていない。この数年日本人は韓国にひどく失望し強い怒りを覚えている。かつて何十年なかったことだ。しかし、日本人は静かで、大声で騒がないので、韓国人には怒っているように見えない。日本の変化を見逃してしまっている」

†習いごととスポーツ

韓国の子供の習いごとは、ピアノも絵画も水泳も英語も、週三回ないし五回が基本だ。日本では習いごとの多くは週一回だと話すとびっくりされる。

日韓の児童の絵画交流展で、日韓の差は一目でわかる。韓国の小学二年生は日本の五年生か六年生のような、五年生は日本の中学高校生のような絵を描く。構図が定まり、しっかり描き込み、迫力ある、本格的な絵だ。日本の幼稚園児の絵は「白地の部分が多い、幼い」絵が圧倒的多数だ。大人が子供に何を求めているかの差がよくわかる。美術教育は色々な観点があり、早くから教えないほうがいいとする考え方もあるのだろう。だがそうしたことを抜きに見れば、技量の差は一目瞭然だった。

韓国の先生が、日本文化院長をしていた私にこう言った。「何年か前、会場に来た日本の先生が、子供がこんな絵を描けるはずがない、親か先生が手伝ったのだろうという。そこで、子供を連れてきて、その場で描かせたら、ようやく納得されました」

大学教授でありピアニストでもある女性はこう話す。

「アメリカの学校でピアノを勉強しましたが、一九八〇年代はじめは日本人が韓国人より多かった。九〇年代に入ると韓国人のほうが多くなり、今では大きな差がある。ピアノは一四歳くらいになると「指が固まる」ので、それまでの練習量がカギです。アメリカや日本ではバランスよい教育ということで、勉強もスポーツも美術もやる。専門の大学に入る直前の一七歳まで週一回のレッスンだけ。せっかくの才能をつぶしていると私たちは見ます。韓国人は毎日練習し続けます。「奇跡のコリアン」という人もいるけど、その差です」

美術や音楽についての才能の優劣ではない、TOEICの点数差（四四〜四五頁）と同じ、教育とトレーニングの差だ、日本はやっていませんねという指摘だ。

「奇跡のコリアン？」とやや目をむいたのは、ヨーロッパでも日本でも活躍する指揮者だ。彼によれば、「指揮というのは総合的で深い音楽理解です。幼少期の詰め込みレッスンでなんとかなるものではない。日本の指揮者は今も強いですよ。韓国は別にそう強くもない。私は日本で「第九」を振って感銘を受けました。普段仕事を持つ方が集まって、高いレベルで歌う、そういう演奏と合唱が日本で二〇、三〇もなりたつ。この裾野の広さはすばらしい」

ただ、彼はこうも言った。

「日本のオーケストラは音程の正確さが生命。韓国は全然違う。聴衆に感動を与えるただそのために音楽をやっている。指揮者と奏者が最初の顔合わせをするとき、日本は一応皆弾ける状態に準備している。韓国は「え、今度は何を弾くんだっけ」と言っていて心配になる。でも練習終盤の伸びと本番の出来は韓国が勝ることが多い。日本は正確だけど固くてぎこちなさが取れない。あと一歩の伸びがないですね」

韓国のテレビでゴルフ中継をよく見た。韓国の中継は情報量が多い。アマチュアにも役立つ実践的な技術の解説、各選手の特徴と心理など、知りたいことをたくさん伝えてくれる。韓国国内の男子ツアーで、アナウンサーが「一〇アンダー、一五アンダーと成績がよい」と話すや、解説者が、「そこは考えものです。やさしい設定に慣れているので、韓国男子は女子と違って世界で活躍できない、厳しいピン位置や深いラフに対処できないとの見方もあります」と切り返していた。アメリカのさるメジャーの最終日の中継では、「これは、二日目の○○選手、三日目の××選手と同じところに打ってきましたね」と、よく勉強した上で解説している。

たまに日本帰国中にゴルフ中継を見ると、分析、解説に物足りなさを感じる。「さすが○○選手、すばらしいですね」など漠《ばく》たる賛辞が多い。静かに「鑑賞」している。それを望む視聴者が多いということだろうか。

ゴルフはこの二年ほど日本の女子選手も活躍しているが、それでもまだ世界の舞台では韓国と差がある。素人目にすぐわかるのは、韓国選手のほうがスイングフォームがきれいだということだ。徹底した訓練の賜物《たまもの》だろう。韓国のジュニア選手を研究した日本の論文によれば、一日の練習時間が日本より長く、打球数も多く、プロに教わるのも早いという。「一二年前、日本は韓国の相手でなかった。韓国のほうが強かった。でも今は、韓国は日本の相手にならない。世界ランキングを見れば韓国のトップ選手の上に日本選手が三人もいる」と語るのは、女子卓球の監督だ。彼はこの十数年の日本の強化策、外国との交流拡充、一〇〜一二歳頃からのエリート養成、指導幹部の明確な問題意識を称賛する。日韓ないし日中韓の興亡史を聞いているようで、実に興味深かった。

†コロナポスター「ありがとう、大韓民国」

二〇二一年はじめ、ソウルの地下鉄の駅で、コロナ関連の子供向けポスター二枚を見かけた(写真)。

「すごいね、大韓民国」――マスクをきちんとし、お母さんの言うことをよく聞くお友達、すごいね!(「すごいね」は、直訳では「称賛します」)

「ありがとう、大韓民国」――国民の健康のため戦っている医療陣の方々、いつもありが

ソウルの駅でコロナ対策ポスター（著者撮影）

とう！

ご覧いただくと、昔の日本の教科書の挿し絵を思い出し、懐かしい気分になる。大統領が先頭に立ち、韓国のコロナ対応の優秀さを「K防《ぼう》疫《えき》」と国際社会にアピールし、他国支援も展開した時期である。このポスターは、ポロロという子供に大人気のアニメキャラクターと、ソウルメトロ（地下鉄）四号線の合作だ。子供に国家公共への感謝を自然な形で——ポロロと一緒に——呼びかけている。

私はこれを「国家称賛の古い発想」と揶揄《やゆ》したくて書いているわけではない。むしろ、コロナという難局を乗り切るにあたって、国家・公共が決定的に大きな役割を果たし、国民結集の核となることを子供たちに教えるのは、日本に不足しているところだと思う。ただ、マスクをし母親の言うことを聞く子供が、医療従事者の献身が、韓国では国家への称賛と感謝に結びついている。日本では考えにくいことだ。

つくづく日本はリベラルな国だと思う。個人と国家との距離感が大きいのは、戦後日本の築いた一成果なのかもしれない。ただ、韓国の例に思いをいたしても損はない。世界の多数派は、韓国に近いのだろう。そして日本も、国家公共を個人が敬遠し、かかわり合いを避けるのは健全ではない。

国家公共が大事というのは、上が決めたことに無条件で従うということではない。当事者意識を持った国民・市民がよりよい制度設計にかかわり、参加する。韓国は、国家公共のあり方を懸命に追求しているように私は思う。コロナ下では、韓国国民は国家・行政に、強く早く動くよう一貫して求めてきた。日本はそうではない。戦後日本の長い蓄積がある中、一考を要すると思う（この点については本書後半（第4〜5章）で考察することにしよう）。

第 3 章

日本側が留意すべき点

2019年6月、G20大阪サミットで握手した後、すれ違う安倍晋三首相（当時、左）と韓国の文在寅大統領（当時、右）。（写真提供：ロイター＝共同）

1　日本から見た韓国——四〇年で三回の「発見」

†三回の韓国「発見」

ここまで韓国側の事情、問題点を紹介してきた。私は、日本側が考え直したほうがいい点があるとも考えており、本章でそのいくつかをお話ししたい。また、本書前半（第1〜3章）の締めくくりとして、「日韓の絡まった構図」と、それにどう対処すべきかの方向性を述べてみる。その前にまず、日本から見ての韓国はこの四〇年間どうであったか、ごく簡単な「略史」を振り返ってみたい。

一九八〇年代前半以降の約四〇年間を日本側から大づかみに振り返ってみると、日本は韓国を三回「発見」したといえるのでないか。

一度目の発見は一九八四〜八八年。NHKハングル講座の放送開始からソウル五輪にかけてだ。

それまでの韓国に対してはデモ、軍部独裁、拷問という「暗い」印象が支配的であった。しかしこの時期、「漢江の奇跡」をはじめ経済、文化、言葉など、多様かつ肯定的な韓国の姿を発見した。NHKのハングル講座放送開始はこの強力な追い風となった。当時はN

HKの数ある外国語講座の中で「英語の次に受講者が多い」、つまり中国語を超えた時期があったと記憶する。韓国語が「マイナーな」存在だったのを、一挙に前面に押し上げてくれた。「アンニョンハシムニカ」（こんにちは）という挨拶自体、それまでほとんどの日本人にとって暗号のようなものであった。韓国を概念で切り取って支持し反対するのでなく、韓国の一人一人の人間に目が向きはじめた。

ソウル五輪の影響はもちろん大きかった。当時は日本の多くの人が、ソウル五輪を心から喜び、応援し、そこまで発展した韓国にエールを送った。

八〇年代半ばはまだ、韓国観光といえば「妓生《キーセン》」が連想され、「韓国に出張する」というだけで人が笑うこともあったのだが、その事情も少しずつ変わってきた。

二度目の発見は一九九八〜二〇〇二年。小渕―金大中日韓パートナーシップ宣言からサッカーワールドカップ日韓共催までだ。

当時の言葉では「日韓新時代」だ。第1章で紹介したように、韓国で合理的な日本観が育ち始め、日韓関係は今後うまくいくとの期待が高まった、いやほとんど確信に近かった。

韓国ビジネスが家電と半導体で日本の名のある大手企業を凌駕《りようが》したことが大きな話題になり、彼らの海外での活躍も注目された。日本の経済新聞や雑誌では、毎日毎週のように、「韓国式経営」「韓国ビジネスに学べ」という記事があった。韓国で日本文化ブームが、それを追って日本での韓流ブームが始まった。

観光客も大幅に増えた。若い韓国人が一人か二人、週末に大阪や福岡に来て食べ歩きし、一泊して帰るという手軽な関係は、ほんの数年前までの想像を超えていた。これが日本の食、韓国の食ブームも呼んだ。ソウルや釜山で日本風の居酒屋、ラーメン屋、パン屋、たこ焼き屋が増えた。日本では、それまで敬遠されていたキムチがスーパーで手軽に買えるようになった。少し後で、ピビンパやチヂミやスンドゥブを好んで食する人も増えた。

――以上二つは韓国の肯定的な「発見」だった。

†失望――米中関係の変化との類比

そして三度目の発見は、二〇一二年から現在にかけてだ。

韓国への失望や憤慨が広がり、韓国に「距離を置く」ようになった状況だ。政治スタンスはあまり関係ない。若い世代も韓国嫌いが増えた。韓流ブームはその数年前より大幅に低下し、韓流ドラマを楽しむファンの中にも「韓国は友達になれる国でない」という人が現れた。K‐POPファンは、アーティストや音楽がかっこいいから好きなのであり、別に韓国という国が好きなわけではない（韓国では、「だから韓国全体が好きなのだ」「日本人はホンネでは今も韓国好きだ」と飛躍する）。

二〇一二年というのは、李明博《イミョンバク》大統領の竹島上陸と天皇陛下への無礼な発言があった年だ。ほかにも日本を襲った韓国発の「ショック」はいくつかあるが、私はこの年を選んだ。

この日本人の失望と憤慨は一時的な現象ではなく、構造的変化と見るべきだろう。韓国に対する偏見や優越感でそうなったのではない。むしろ韓国をリスペクトしていた人ほど失望が深かった。韓国への信頼度は大幅に低下した。高校生の海外修学旅行先で常に一、二位だった韓国が、ベスト10からも姿を消した。

韓国がこれを真摯に受け止めないことも、このトンネルの出口を見えなくしている。以前も、感情的で非合理的な日本観はもちろんあったが、冷静な分析や正確な知識がそれを克服することが多かった。だが近年は「国民感情（原語：国民情緒）」ないし「市民の声」として、感情論が正当化される場合が多い。自衛隊の旭日旗《きょくじつき》について、「帝国主義の残滓」との誤解は以前もあったが、有力新聞が「いや、最も進歩的な新聞社である朝日新聞も、大漁旗も、同じ意匠を使っている。旭日は、めでたい、勢いがある象徴であり、軍国主義や復古と見るのは正確ではない」と指摘していた。

韓国に、不正確な日本像や固定観念があることを、かつては日本の韓国通だけが知っていた。二一世紀に入り数年が経ち、韓国でこの傾向に（好ましくない方向で）拍車がかかった。この二〇一二年前後には、韓国通のみでなく日本の一般の人が、それに気づいた。

少し大きな視野で比較すれば、最近の米国の中国観転換に近い性質があると思う。

佐橋亮『米中対立――アメリカの戦略転換と分断される世界』(中公新書、二〇二一年)を参考に書けば、米国は一九七九年の国交樹立以降、価値観の差が非常に大きくさまざまな対立を抱える中国について、一貫して支援し関与する基本政策をとってきた。当初は対ソ政策が念頭にあったが、それ以降も中国の発展を支えてきた。支援と関与を続ければ中国はよい方向に変わる、国際社会に貢献する責任ある国家になると信じた。中国のパワーは米国への脅威にならないとの前提もあった。

ために、天安門事件があっても人権問題や安全保障の問題があっても、米国内で常に異論があっても、我慢して中国への関与政策を続けた。だが、中国は、米国が思い描いていたのとはまったく違う国になってきていると、政治家も国民も気づいた。党派の差を越え広く米国において中国政府への信頼がなくなってしまった。トランプ政権は従来の関与政策の失敗を認め、バイデン政権もこの方向を継承している。米中関係は悪化してもまた改善するという、従来のパターンにおさまらない段階に入った。

米中と日韓はもちろん違う。日本は米国でなく、韓国は中国でない。中国が世界に与える脅威と韓国の問題は性格や規模が違う。しかし、「米からみた中国への広範な失望、認識転換」は、「日本からみた韓国への失望、認識の変化」を彷彿《ほうふつ》とさせるものがある。

色々あっても、日本は韓国を支援し続けた。韓国は、発展するにつれて合理的な日本観に進む、外交安保は日米と基本同じ発想で臨むようになると期待したからだ。だが、「韓国はその期待に沿う国ではない」と、日本人の幅広い層が見方を変えてしまった。特に韓国側で、この点をよく認識していただくことが重要だと思う。

†「日本たたき」の心理――気にしなさすぎ？

以上「三つの発見」は、始期を見れば一四年ごとになっている。遠からず来る二〇二六年は新たな画期になるだろうか。第三期が続くだろうか。構造変化が簡単に起こるわけではなかろうが、潮流が変わる可能性もある。

変化が生じるなら、まず考えられるのは、韓国で、非合理な対日姿勢の賞味期限がくること、その市場価値が落ち、日本叩きへの拍手喝采が減ることだろう。私はこの変化はすでに一部生じているように感じる。

自分たちの言動の背景に、「韓国と日本は、善と悪」、「日本は韓国を知らず、韓国は日本をよく知っている」「ビジネスや民間交流にまかせればうまくいく。」――という発想がある。しかし、そうではない、その発想は韓国のためにならないという、良識ある声が復活しないだろうか。

日本への非合理な姿勢は昔からあったが、急速な国家発展によるプライドと不安定な大衆心理の併存の中で、二一世紀に入った数年後からまた浮上してきた。

韓国の方の日本観は人によって実にさまざまである。ただ、この十数年の対日姿勢について色々話を聞く中で、次のような心理分析があった。貴重な自省も含み、ご参考までに記しておく。

・昔、韓国から見た日本は、反発と憧憬がまざった特別の存在であった。しかし日本の存在感は小さくなった。「韓国は日本を超えた」との思いも育っていた。かつて「反日」は、上から圧迫してくる強大な日本への、こぶしを固めた異議申し立てという印象があったが、近年の日本批判は、それとは大きく違っていた。

・「昔は国力で劣り、日本に遠慮し譲歩しすぎた」という固定観念が強く（それが正しいかは別）、「堂々と主張し、ノーもいうべき」との意見が増え、さらに一部で、「日本に対しては礼儀もいらない」というかのような、明らかに行き過ぎた風潮があった。どうもうまくいかない。

・それは、日本たたきというより、自分たちの古い発想を破壊しているつもりだったが、結局、過去にないくらい、多くの日本人を怒らせてしまった。どうもうまくいかない。

・日本へのコンプレックスなどとっくにないと皆笑うが、実は深いコンプレックスがあるのかもしれない。昔は日本を意識しすぎ、今は意識しなさすぎだ。自由気まま、軽すぎる。「日本など気にしない」とことさらにアピールしたい心理があったのかもしれない。必要な国際常識を忘れ、仲間うちの気軽で気ままな言動をしてしまう。政治家たちの放言も、一部スポーツ選手の行動も、それで日本の反発を招いた面がある。

日本の失望が並大抵でないと一部で知られてきたことはあるが、まだギャップは大きい。韓国の政治的対立は尖鋭でもある。成熟社会にいま一歩進む中で、かつて（一九九八〜二〇〇二年頃）の合理的な日本観と自省を回復してくれることを心から期待したい。日韓が友好と信頼を取り戻せるよう、この第三期は過渡期であったと後から振り返ることができるよう、祈る気持である。

2　日本側が留意すべき八つの点

†韓国は今も日本に依存？

二〇一二年、ソウルで行われた日韓のレセプションで、韓国経済界の大立者である八〇歳近い大企業会長が流暢な日本語で、昔は日本企業にいろいろ教えてもらいありがたかったと語り、新橋の小さな飲み屋で一杯やるのが今も好きだとなごやかに話していた。彼が立ち去ると日本のビジネスマンは、「なんだ、今も変わらないんだ。韓国経済は今も日本に依存しているんだ」と嬉しそうに笑っていた。

はたしてそうか。「新橋の飲み屋」は韓国経済の日本依存を意味しているのか?

たまたまだが、私はこの会社の会長室に彼を訪問したことがあった。日本の勲章や賞状、元総理を含む政財界名士との写真が何枚もあった。だが壁の三方には、アメリカ、中国、ドイツの国家指導者や、世界的に高名なビジネスリーダーやスポーツ選手と一緒の写真が、所狭しと飾られていた。どの国も日本より多かった。彼は日本語だけでなく英語、ドイツ語が流暢だ。日本は、彼らのビジネスの中でいくつかの重要な相手国の一つであるが、それ以上ではない。圧倒的な存在ではなく、ワン・オブ・ゼムに近い。彼らは日本も見ているが、日本の肩越しに広く世界を見ているのだ。

日本製品不買運動、ノー・ジャパンの動きがあれば、「いや、韓国は日本に依存している。ビールも食品も日本のものが好きだから離れられない」と解説する人もいるが、正鵠《せいこく》を射ているとは思えない。たしかに日本の二、三のビール会社は広く知られ人気がある。「ビールは韓国より日本」と堂々と語る人は多い。しかし、ヨーロッパやアメリカのビールこそ人気が高い。韓国のビールも近年ずいぶん美味しくなった。

二〇一二年に大学街のビールバーに立ち寄った。ヨーロッパを中心に、アジア、北米、中南米ほか世界各国のビールが何百種類も売られていた。日本で見たことのないほど豊富な品揃えの、大きな店だった。日本ビールも各社多く揃えていたが、全体の三〇分の一程度だ。若いビジネスマンや学生たちが世界各地の多様なビールを楽しみ、にぎわっていた。

†違うと言わず、うなずいてしまう

韓国と経済交流、地方交流をしている日本の人から何度か聞いたことだが、韓国の人々は、普段は政治の話はしないが、夜に酒が入るとこう語りかけてくるという。

「釜山は元々、日本に親近感が強く、日本が好きです。（慰安婦像、労働者像など）銅像がどうと小さなことを日本は気にしないでください。我々民間レベルがもっと交流を進めれば、日韓の関係は上手くいくんです。はい、乾杯！」

こうした場合、日本人の多くは特に相手の発言を正したり、指摘したりせず、笑顔で「ハハ、そうですね。乾杯！」とやるという。類例は非常に多いと思う。

日本側でこのような対応が重なると、「日本国民は銅像など気にしていない。うるさく言ってくるのは一部政治家か政府だけ。だから真剣に取り合うこともない」という韓国側の誤解をいっそう強めてしまう。私は、国民各自の意見についてどうこう言う立場にはないが、釜山在住の日本の方には次のように申し上げていた。

「総領事館前の銅像に賛成ならともかく、「違う」「おかしい」と思っているのならば、そう伝えてください。黙って笑っていると賛成していることになりますよ」

日韓の民間交流で会議を終え夕食懇談した後の様子が、日韓で正反対ということもある。韓国との懇談を終えた日本側はため息をついている。「日韓のギャップはこれほどに大きいのか。想像していた以上だ。これは難しい……」と。かたや、さっきまで一緒に話していた韓国側は、「ほら、日韓何の差もないだろう。厄介なことをいうのはメディアと政治だけ」と明るく笑っている。同じ場で同じ話を交わしながら、こんなにちがうのだ。

韓国に来て一年という釜山在住の日本人が言っておられた。「日韓の「人」がこんなに違うんだということに驚きました。福岡と釜山は目と鼻の先。見かけはよく似ているのに、ものの感じ方が全然違う。こんなに違うことがあるんだというほどに違う」

私も同感だ。日本人の多くはこの差に気づく。韓国人は（教養のある人、日本生活をした人も）気づかないことが多い。「日韓同じ。何も差がない」と彼らが言うのは、本当にそう思っていることが多い。

目の前の人（日本人）の反応や心が観察できていないということもあるだろう。日本側に問題がある……場合もあろうと思う。

†韓国を見くびるな

韓国をある意味で見くびる風潮が日本に一部あることが、私は心配だ。

二〇年ほど前、韓国の法曹や法学者と懇談して、法律問題についての強烈な使命感と自負を感じた。韓国の法体系は少なからず日本のものを受け継いでいる。だからこそ日本を凌駕《りょうが》し、できれば圧倒したいのだ。韓国の法曹界や学者は、「最新の欧米の判例と理論の研究は、日本より意欲的にやっています。我々は司法積極主義で、国際問題や政治判断にも司法が口を出すほうです。勉強しないとやっていけない」と、当時から述べていた。

「韓国は法より感情に支配されている」「国内感覚をふりまわすだけ」とだけ誤解していると痛い目にあう。韓国で生活していると日々感じるが、実務を担う人々の志と水準はとても高い。研究熱心で勉強家だ。海外への関心とネットワークは、多くの場合日本より強い。日本に勝とうという意欲も非常に強い。

付言すれば、日本として、国際法の新しい動向をよくフォローすべきはいうまでもないが、国際スタンダードに則り、堂々と自信をもって、何度も地道に主張と発信を行うことだ。欧米ほか他国が「中国韓国がさかんにキャンペーンしているが、変だぞ。感情に流されず信頼できるのは、やはり日本だ」と理解することが非常に重要だ。そのためには、黙ってうつむかず発信すべきだし、同時に、相手と同じように激しい言葉を使って日本の値打ちを落とさないよう注意するのがよい。「あれ、中韓と同レベルの泥仕合か？」ということは避けたほうがいい。

もう一つ別の観点から。これは韓国政府の幹部が内輪で話していたことだが、「日本ががつんと出てきたら、自分たちも堂々と応戦する」という発想が今はある。日本との論争は国内や国際社会で注目され、引けない。有利ないしイーブンに持ちこめると見れば、日本とがっぷり四つに組んで戦うだろう。四つに組んで、足も飛ばすだろうし情報戦も広報もする。日本政府の関係者はわかっていることだが、念のため記しておく。

†歴史を知ろう

近代史の日本の行動の「光と影」については、中韓が何か言ってくるからでなく、日本自身のために、日本人が明治以降の来し方行く末を過不足なく知るために、事実をよく知っておくのがいい。自国の歴史に誇りと矜持をもつ上でも、影の部分を知ることが必要だと思う。でないと一面的で不公正な歴史叙述になるおそれがある。韓国などにありがちな「正確で公正たるべき歴史が、〈民族の記憶〉に負ける」に近い状況は好ましくない。日本のプライドというものは、影の部分を知って揺らぐようなものではない。また、こういう真摯で公正な日本、独善でない日本であることが世界で評価を受け、「さすが」と評価されるのだと思う。

同年代の日本の保守政治家が私に言うには、「張作霖爆殺事件なんて、本当にありえないひどいことじゃないですか。関東軍の暴走というレベルじゃなく、日本国がおかしかった。今の中高生の多くは知らないんですよ。「満州某重大事件」という名称は教わるらしいけど。これでは、誇りある日本人は育ちません。ちゃんと知っておくほうがいい」。まったく同感だ。

私が言いたいのは、堂々とグローバル・スタンダードに沿っていこうということだ。わが身びいきで仕立てたストーリーでなく、数字を大きく膨らませたり事実を歪めたりの他国の暴論に流されるのでなく、客観的な事実を直視することだ。負の歴史も知ろう、反省すべき点があるというのと、「弱腰」「自虐」はまったく違う。独善と傲慢は「弱さ」の現れであり、そうならないためにも、知ったほうがよい。数字はともあれ、他国に侵入され荒らされ、あるいは他国に支配された屈辱を理解する心を持ちたい。同時に、曲解や決めつけには静かにかつ明確に反論したい。

それが目的ではないにせよ、戦術的にも知識を備えたほうがよい。どこか外国から（あるいは日本国内でも）不正確な歴史理解や歪曲《わいきょく》がある場合、こちらがファクトを知っていないと、反論もできない。

公使時代に、大使の代理で、「朝鮮王朝儀軌」の日本から韓国への引き渡しレセプションに出席した。事前に新聞等で知ってはいたが、現物を見たときの感動は大きかった。朝鮮時代の宮中の祭事や王族の行進についての、詳細な文章と緻密で美しい絵による記録だ。これらの文章や絵画は当時の役人によるものだ。日本でいう「匠の精神」と同様、長年鍛えた専門知識と技能により、誠実に仕事をしたのだろう。

このレセプションで、日本での長年のみごとな保存とそのための多大な努力に対し、韓国は感謝を表明した。会場には、李王家の子孫もおられた。

どの国にも尊敬すべき人がおり、みごとな「匠」がいる。官にも民にもいる。それを発見するのに、「歴史」、「文化」、「交流」はよいツールになる。それを知ることは、自分の精神世界を豊かにしてくれる。

「朝鮮通信使」について主に釜山で展示やイベントに何度か参加した。江戸幕府が非常に大きな財政負担の上で、多くの地方にまたがってもてなした大イベントであった。特に、日韓それぞれが相手から学んだことは、もっと注目されてよい。詩や書にたけた韓国の官僚、文人のところには、揮《き》毫《ごう》を求める日本人が列をなした。馬の曲乗りも韓国が優れていた。かたや大阪等各都市の繁栄ぶりに驚いたという韓国側記録があり、日本で知った農業技術（大きな水車、サツマイモ等）が韓国に伝えられた。

なお、歴史自体のことではないが、自国の値打ちを下げるようなことはぜひ避けたい。一時期はヘイトスピーチが心配であった。当時の安倍総理は「日本人の美徳からも、望ましくない」「自分が優越したかのような考えは、まったくまちがい」と国会で明確に述べ、その後「ヘイトスピーチ解消法」が成立した。他国の大使館・総領事館近くや国旗の前で粗暴な行動を慎むべきは、当然のことだ。釜山での例も書いたが、「他人《ひと》のふり見て我がふり直せ」だ。これは屈服や譲歩でなく、近代国際法始まって以来の当然の常識だ。初歩的なマナーもないようでは日本の値打ちを下げてしまう。

†日本の記者、学者の「作法」

民間交流で、内心は「ちがう」と思っているのに笑顔で乾杯してしまう日本人の話をした。日本のメディアや研究者の中に、韓国側の不正確な主張や偏見を見逃し、場合によっては助長する傾向があったのは、もっと深刻なことだろうと思う。

以前、日本の代表的な韓国研究者が韓国の主要紙に毎月コラムを書いていた。私は、「先生の話の大半に自分もうなずく。ただ、韓国への注文は最後の最後に出てくる。最後まで丁寧に読む人なら、韓国の論法に先生が不賛成だとわかるが、大半の読者はそうでない。むしろ、日本の著名な学者が、日本でなく韓国政府の主張に賛成だとの印象を持つと思う」と伝えた。この方はすぐ理解された。

当人が韓国側の主張が正しいと本当に考えるなら、私は何も言えない。だが、当人が韓国のやり方がおかしい、あれは偏見だ曲解だと考えながら、公の席つまりコラムや論説を書き、シンポジウムで話すときは、韓国の主張に沿う、ないしその印象を与えてしまうように、書き、話す。そういう人たちをよく見た。

研究者や記者にとっては、韓国にものを申さないことが「作法」ないし「業界の暗黙のルール」だったのだろう。でも誰もそんなことを頼んでいないし、それでは韓国を尊重することにもなっていない。ファクトについて、また日本側の考えについて誤解を与えることが非常に多い、知的怠慢といわざるをえないだろう。

かつて（そう古い時期でなく）駐日大使をされた方が、直接私に話したことだ。「日本の進歩派の学者や知識人に、自分は八〇〜九〇年代からお世話になった。ただ、彼らは我々韓国人を前にすると、申し訳ないと頭を下げるだけで、今の課題について議論をしない。韓国に対し当然するはずの指摘をしない。これは韓国を対等な議論の相手と見ていないのだと、ずっと感じてきた。それは日韓の相互理解の道ではない」

この点、私は深くうなずく。そのとおりだと思う。

この一〇年近く、韓国通とされる日本のジャーナリストたちが、「日本（の対韓政策）がおかしい」「韓国の指摘どおり、日本は右傾化している」と発言する場面を見てきた。当人は韓国側に根本的な問題ありと感じているのに、日本国民の幅広い失望や憤慨を知っているのに、それは口に出さない。すぐ韓国メディアが、「日本の専門家も、問題は日本にありと言っている」と引用する。韓国では「日本人は韓国が好き。日本に問題ありと日本人も知っている。嫌韓を吹聴《ふいちょう》するのは一部右翼勢力のみ」との理解が多いのは、前に述べた。韓国自身の責任ではあるが、日本人がそれを助長してきた面があると私は思う。

おそれることはない。ごく常識的な注意でよい。日本の学者や記者の話は、韓国では注目され重きを置かれる。事実と良心に沿ってどんどん発信されることを希望する。

†ソフトパワーの強化

世界の大学生に「ハードパワーとソフトパワー、どちらが大事か」と問えば、たいていの国で即答が返ってくるだろう。正答は簡単、「どちらも大事」だ。だが日本ではそうはいかないようだ。ソフトパワーが大事という人はハードパワーの重要性を軽視しやすいし、逆もしかりだ。第二次大戦後一九八〇年代半ばまで、日本の言論空間が「国益、安保、軍事」を軽視ないしタブー視した、その後遺症がまだあるのだと思う。

ハードパワー軽視は昔よりは改善したようにも見える。だがハードパワーの必要をわかる人の中に、こんどはソフトパワーの意義がわからず、「弱腰の連中がやる二次的なこと」「国が関与しなくてよい」などと、私から見ればそれこそ国益の足を引っ張っている人がいる。八〇～九〇年代の記憶のためか、「日本はその点については強いのだから別に国が主導しなくとも……」と根本的な誤解をしている人もいる。ここは、ソウルで会った欧米の辣腕ジャーナリストに登場願うことにしよう。日韓ともに駐在した記者だ。

「日本のソフトパワーの落ち込みが深刻だ。日本のビジネスマン、メディア、研究者の海外におけるネットワークは、中国や韓国に比べ大幅に劣る。東アジアをテーマにした、各国の重要人物が集まる会合に行くと、日本の参加者はおらず、欧米と中国・韓国人だけということは珍しくない。日本の関係者に声をかけても、「忙しい」「予算がない」という。一方で、韓国の企業、省庁、政府機関は、アメリカ、中国をはじめとする各国の政治家、有識者を大量に自国に招き、会議を行い、厚遇している。日本とは比較にならない」

「竹島でも歴史問題でも、国際法で勝負がつくだけの話ではない。日本は、ゲームのルールが何であるかをよく考えるべきだ。「古い発想を引きずる日本が悪い。日本は外交の大局観も歴史観も欠如した、東アジアのトラブルメーカーだ」と言いふらす人たちがいる」

「自分は日本にあきらめろと言っているわけでなく、その反対だ。日本は中韓やほかのアジアや欧米のオピニオンリーダーや若い層をもっと多数かつ継続的に招聘すべきだ。感情より実際的な対話が主流になることが急務だ。それが日本の国益だ。韓国は豊かな国だから日本の政府予算で招聘しにくいなどと言っている場合ではない。中国の台頭をなんとかしなければという発想は韓国にもあり、日本と接合面が見つかる可能性もある」

「メディアの分野では、私がソウルに来て以降、韓国の有力紙やシンクタンクから寄稿・講演依頼を何度も受け、政府からも会食懇談の声がかかった。だが、より長くいてなじみの深い日本では、そうした依頼が一度もなかった。日本はとても「内向き」な国だ。そう思っていないかもしれないが、比較すれば明らかだ。日本の官民は、外国メディアと関係を作り影響力を及ぼそうとしていない。韓国は、何倍も積極的に動いている」

——以上、ソフトパワー強化で日本が行うべき多くが含まれていると思う。

†交流と外国語の効用は大きい

韓国との民間交流で日本側がノーと言わず、韓国の誤解を広げてしまう例を書いた。だが、官民問わず交流は非常に重要かつ有益だ。ビジネスも学者も学生も地方も文化もNGOも、遠慮せずどんどん交流を行うのがよい。相手から学び、賢くなれる。人のためにもなるが、まずは自分の（自国の）利益になる。

日韓の学生交流でいえば、実施後に「偏見や先入観が薄まった」との回答が多かった。

「日本人は意見を言わない。内心何を考えているかわからず不気味」「韓国人はこわい。歴史をめぐってすぐ突っかかってくる」という固定観念が改められてよかったという。

中韓の学生・高校生が、子供の頃から植え付けられた日本についての否定的な先入観が、一週間程度の訪日でずいぶん解消され肯定的な日本観に転じる例を、私は多数見てきた。本当の日本を多くの人に見てもらうのがいちばんだ。

自分にない相手の長所に気づくのも、交流の効用だ。日中の例だが、学生交流で日本は「英米の新聞や雑誌を、中国の学生のほうがはるかによく読んでいた。中国の報道は信頼度が低いと見て、英米の新聞を習慣的に読む。僕たちよりも国際的な視野があった」と気づいた。中国は、「英語の発表で、はじめは自分たちのほうが上だと思っていたが、中国の学生は新聞で読んだり大学で習ったことを話すだけ。日本の学生は、自分自身の経験や問題意識を自分の言葉で語っていた」と言う。

古今東西、交流が発展の基盤だ。イスラム圏もルネサンス前のヨーロッパも、ナポレオン時のフランスも明治維新も改革開放期の中国も、異文化から得た知識と技術が発展のバックボーンだった。今も、国際会議を主催したり、参加すること、国際交流に加わることは、自分の影響力を伸ばし他国からの情報を得、ネットワークを形成する大きなチャンスだ。

第4章で詳しく紹介するが、こういう国際交流は、官民問わず日本より中韓のほうが盛んなのだ。彼らのほうが交流経験が豊かで、人的ネットワークが広く、メリットを享受している。日本人が一番場慣れしていない。逆にいえば、日本は最も伸びしろが大きいといえる。

「国際人材」は、ビジネスにおいても、学術でも、あるいは官や軍やメディアでも、大いに求められる。若い時代から積極的に外に飛び出して経験していただきたい。日韓関係の厄介さはあり、上述した「違うと思ったら頷かない」等の常識はほしいが、どうか交流は進めていただければと思う。どの国も、外から学ぶことなしに発展はない。かつてその優等生だった日本は、外国との交流が少ない国になってしまっているのだ。

ここで、外国語学習の効用について短く触れたい。韓国語のゾクゾクするような面白さは前述した。頭に浮かぶ語順のまま、単語だけ置き換えれば、韓国語をすらすら話せる。英語や中国語のように語順がひっくり返ることはない。習っていない単語でも聞いてわかることがある。この快感を味わっていただければと思う。

私が仕事で情報収集し、講演・寄稿をし、多くの友人を得たのも、道ですれちがう人や電車で隣り合わせた人の会話を聞き取れるのも、ことばのおかげである。本を通じて見知らぬ世界に触れ、豊かな精神世界を持つこともできる。

外国語は、諸外国の最新動向を把握するにも、海外で自国のプレゼンスを高めるにも必要だ。中韓も世界の大半の国も、英語はじめ外国語学習に日本より多くの力を割いている。

†在外での政府の発信

説明・発信は政府、記者、学者、経済界等オールジャパンの課題だ。とくに政府は、巨大なギャップの中でも、発信・説明を強化すべく最善の手を尽くすべきだろう。

「提案者に日本がいる」というだけの理由で日米韓首脳会談への異論が出た例をあげた（六五頁）。韓国では、個々の政策や立場の技術的な説明だけでなく、「日本はこういう国だ」という本質に触れる平素の発信が重要だ。

一九九八年、大使館政治部の一等書記官であった時（いま思えば日韓関係はまだよい時代だった）、韓国の一般世論が日本を誤解し、政府の政策についても曲解していると痛感した。韓国の大学から公使級幹部への講演依頼を館が断るケースが目に入り、もったいないと思った私は、「自分でいいなら喜んでやるよ」と手をあげた。公使なら、若手が講演の草稿を書き、ありうる質問について準備し、通訳をつけ、記録を起こしと大変だが、自分なら一人で全部やるよと言った。やりがいを覚え、二十数回講演した。新聞・雑誌への寄稿・インタビューも十数回を超えた（その後の勤務を含めると、各々一〇〇回、四〇回）。こういうパブリック・ディプローマシー（公共外交）は今後ますます重要で、若手や中堅にも大いにやってもらいたい。

政府なので、説明が自由勝手でよいわけではない。ただ、日本では誰もが知っている基本的な事実、制度等を韓国側が知らないことが多く、工夫が求められる。コリアスクールなら韓国人の発想を知っているので、より心に届くメッセージを送れることもあろう。

ソウルに住んで気になることがある。政府の個々の立場や政策を説明するだけでなく、認識ギャップの根っこのところに骨太のメッセージを発してほしい。二つの例をあげよう。

第一に、日本といえば「戦犯国家」で、「過去を反省しない」と規定したり、旭日旗を「帝国主義、軍国主義の残滓」とみなすなど、有力政治家やメディアが問題発言を続けている。気に入る、気に入らないといった感情の問題でなく、その認識自体が日本についての誤解曲解を含み、反論しなければ黙認を意味してしまう。

第二に、韓国の方が「あ、なるほど」とうなずく、血の通った説明をするのがいい。例えば、「嫌韓はごく一部の右翼の政治策動。日本人は今も韓国が好き」との通念に対し、私は、高校生の海外修学旅行先として韓国が二〇一二年を境に急降下した統計を用いた。「実に残念ですが、以前は一、二位の人気だった韓国が今はトップ一〇から消えた。韓国はベトナムの四分の一、マレーシアの一〇分の一、豪州やシンガポールの二〇分の一しかない。日本の一般国民が韓国をどう見ているか、変化がよく表れています」と。

また、「韓国ドラマが大好きで字幕なしに楽しんでいる人も、「韓国は友達になれる国ではない」と言っている」と、知人の話を紹介する。「おまえが外務省で韓国担当だから黙っていたが、もうあの国は我慢ならん」と、外務省コリアスクール職員に親戚が言ったことを紹介したこともある。

大概の韓国人は目を丸くする。あまりにも彼らの日本像と違うからだ。統計や話者の知人の話なので、客観性や切実さがある。

二〇一一年、東日本大震災・原発事故による日本の被害程度が、過剰に伝えられたことがある。新聞寄稿で私が紹介したのは、放射能量は安全だというデータとともに、現地を訪問した韓国学生団が語った言葉だ――「もう日本は立ち直れないという、韓国で聞いていた話とは全然違った」「家を流されてもたくましく復興を進める人たちに、我々が逆に励まされた」。現場を知る韓国の人の言葉は、効果があった。

知人のベテラン記者が、「原爆コラム」(八九頁)をひとしきり強く批判した後、「岸田外務大臣(当時)は広島の方でしょう。このコラムは大臣にも失礼です」と私にため息をついた。こういう日本通がまだいるのだなと思った。我々日本側も同じことだ。相手国の歴史や文化を知っていると、琴線に触れる一言が生まれることもある。外務省のコリアスクールは、研鑽を積んでこういう貢献もしてほしい。

ソウルや北京で感じるのは、任地で外国メディア相手に話すときに、背負うリスクが小さくないことだ。日本国内でもメディア相手の仕事はよほど注意が必要で、趣旨と違う、事実と違う報道をされることが少なくない。外国（特に韓国）ではさらにこのリスクが大きい。

悪意のある報道を私もされたことがある。海外ではこのリスクを負っている。自分の致命的ミスならともかく、そうではないのに不正確に報道され、結果的に上司や本部から叱責されては、本人もたまらないし、何より館員皆が及び腰になり、日本からの情報発信は後退する。本部はこの事情をよく勘案し、平素から発信を評価し、いろいろ踏み越えて発信説明を積極的に行うよう促すのがよいと思う。

3　日韓の絡まった構図

†日本は韓国の何に気づいたか

第1章からここまで、韓国の八〇年代以降の発展と変化の中で、その外国観・日本観について、また日本側の留意点も加えて分析をしてきた。

八〇年代以降、韓国は目覚ましく発展した。巨大だった国力差が少しずつ縮まり、韓国の日本観が変化してきたのは自然なことだ。日本人はそれが悔しい、腹立たしいからと、いわば感情論で「韓国はおかしい」と思ったわけではない。では、多くの日本国民の心が韓国から離れたのはなぜか。日本は韓国の何に気づいたのだろうか。

第一に、外交安保についての韓国・韓国民のめざす基本方向だろう。政府の公式見解でないにせよ、中韓が連携して日本をけん制すべしとの意見、米国と中国を天秤にかけホンネでは後者に傾斜しがちなこと、北の核実験等への無関心を、日本国民は知るようになった。

第二に、国と国との約束を守らない、国際社会の常識的なマナー（皇室に対してさえ）に反する言動が繰り返されるとして、韓国への信頼関係が大きく低下し、「国どうしでよい友達になれる相手ではない」との認識が広まってしまったことだろう。韓国をリスペクトし交流に熱心だった経済人、一般市民のショックが大きいし、熱心な韓流ドラマファンからも同じ声を聞くようになった。

第三に、これらについての韓国側の自省が薄れてきたことだろう（二〇年前はあった）。日本を「帝国主義の亡霊、残滓」と言うなど、世界でも突出した異様な日本観を耳にすることが増えた。かつては韓国国内でもブレーキがかかったのだが、近年は違う。

以上の三点を、一部専門家でなく日本国民の広範な層が気づいたのだ。これまで多くの懸案や葛藤があり、韓国への厳しい意見が台頭しても、当局者や政治指導部が国内を説得しつつ韓国との関係をおさめてきた。韓国に対する基本的な信頼関係と、「韓国が発展するにつれて、合理的な日本観を持つよい連携相手になるはずだ」という期待が根底にあったからだ。しかし、その構図に大きな変化が生じている。それは、一四四頁にあるように、米中関係の転換と類比できるものでもある。

本来の伝統的外交ならば、厄介なことがあっても両国のプロ同士、当局がそこを乗り越えてうまくまとめる。国の立場は違っても、外交の基本マナーや信頼関係があればそれが可能だ。それでは不満だという向きもあろうが、外交については、対立要素を全部さらけだし両国世論に委ねていては、まとまるものもまとまらず、対立がエスカレートする。だが、特に韓国側の対日姿勢後退が日本の一般国民の目にも明らかになった。良識ある多くの日本人が韓国に失望し、怒り、「理解できない国」と見るようになった。ただ、韓国がなぜそうなのかの分析はあまりない。

ここで私が寄与できるのは、できるだけ韓国の実情や変化を紹介し、自分なりの解説を加え、現在の韓国についての理解を日本で深めていただくことだと思う。感情や対立を煽ることはしない。ただ、「とにかく丸く収めよう」「良い材料だけ紹介しよう」というのでは、日本国民に通じない。「韓国の実態は違うだろう、それで何度も痛い目にあったではないか」とよくご存じである。知るべき実情は知っていただくのがよい。なので、取捨選択しつつも、やや突っ込んだ話もしてきた。他方で、放っておく、無視することが日本にとってよいわけではないと述べ、日本が留意すべき点もお話しした。外交とは、このようなぎりぎりのところで成り立つものだろうと思う。

†「根拠のない楽観論」と「無視論」が支配

さて、ではどうすればよいのだろうか。最近気づいたのは、日韓両国において「根拠のない楽観論」と「無視（放っておけ）論」が大勢を占めてしまっていることだ。

まず韓国側の「根拠のない楽観論」＝「心配するな、大丈夫論」がある。「嫌韓などごく一部の右翼の策動。日本人は今も韓国を好き。日韓関係には何の問題もない」と思っている人。「銅像とか細かいことに日本は腹を立てないで。韓国人は関心がない。心配ないですよ、ハハ」という人。「韓国有利に展開しているので大丈夫。日本が折れてくる」と見る人もいる。

かたや日本にも、根拠のない楽観論がある。その立場は実はさまざまなのだが。「日韓・米韓同盟という外交安保の基盤があるから」、「日韓には分厚い市民交流があるから」、「あの国は昔からそうだから」大丈夫、日韓関係は元に戻る、といった楽観論だ。「メディアと政治家が対立を煽っているだけ、心配ない」という楽観論は、日韓どちらにも存在する。

しかし、これら楽観論は、悪意はないとしても日韓の構造的問題に目を向けておらず、的外れだし、何も生まない。

「根拠なき楽観論」の次には、「放っておけ」という「無視論」だ。

韓国の一部に「日本は影響力のない国。関係改善の努力は必要ない」という発想がある。韓国の国益を損なってもいるし、多くの韓国の方が建前上は否定するが、存在する。「関係改善をしたいが、日本が応じないのだ」という論法も同様である。

日本では「日本が何を言っても無駄。韓国自身が目を覚ますまで待つほかない」との意見が増えている。

日韓の「無視論」は、中身は反対なのだが、「放っておこう」という点で共通している。

――以上、日韓ともほぼあらゆる場が、「根拠なき楽観論」、「無視論」いずれかの砦で占められたかのように私は感じる。

†日本の理解を超えた韓国

別の角度からはこう言えようか。まじめに、筋道立てて考える日本人にとって、昨今の韓国は理解を超えており、困惑している。韓国で、日本の国柄も世界での役割も理解せずに「日本をよく知っている」と錯覚し、日本を一刀両断すればいいと思っている韓国人は、現状に特段の痛痒《つうよう》を感じていない。根拠のない楽観論あるいは無視・放っておけ論でいればよいだけだ。

正直、これほどまでに絡み合った事態の打開は容易ではない。

ただ、確実なことが二つある。

一つは、日本にとって韓国の重要性だ。安保、経済、中国、北朝鮮、米国と西太平洋、インド太平洋。どれをとっても韓国は非常に重要だ。今世紀初頭よりは良くない方向に来ている。日本がこれを放置し、ないし根拠薄弱な楽観論に身をゆだねていては、事態は一層悪くなる。中国台頭、ロシアのウクライナ侵略の中、日韓や日米韓連携はますます重要だ。

一九八〇年代初めに駐韓大使と外務事務次官を務めた須之部量三《すのべりようぞう》氏は、よくこう話していた。

「日本の対外関係は、いつも韓国との関係から始まる。古代も明治初期もそうだった。日本が韓国とうまくやっていけるかは、日本外交がうまくやっていけるかのバロメータになる。韓国との関係は難易度の高いことなのだがね」。

もう一つは、本書で私が書いた程度の、韓国ないし日韓についての分析は、日本の外交や国益を考えるのに必要な基礎知識だと思うが、それさえ十分にシェアされていないことだ。不遜《ふそん》な言い方だが、相手を把握せずしては、一人相撲になるだけだ。周辺的なことに時間とエネルギーを費やすのでなく、しっかりした分析の上に半歩でも前に進めたい。

韓国人とある程度深く接した読者は、彼らの次のようなホンネに気づかれると思う。

「寿司も日本観光も好きな我々は反日でなく、日本とよい感じでつきあっている。なのに日本に嫌韓論がある。日本がおかしくなった」

「もう政府・国家の時代じゃない。日本は古い。民間交流を進めれば何の問題もない」

「日本は歴史の真実をごまかそうとする。力が落ちて焦っている。だから中国韓国とうまくいかない」

こういうときに、本書が読者の皆様の参考になればと思う。このような議論を避けるのでなく、大いに対話し日本の見方を伝えていただきたい。そうした作業があまりに少なかった。韓国側と真摯な対話が進み、相互理解が深まればと希望する。

†それが韓国。厄介との前提で

日本人がえっと驚くような日本観が韓国に多いのは事実だ。同時に、「日本歌謡カラオケ教室」があり、東京・大阪・福岡・沖縄や温泉観光が好きで、若い人が週末気軽に来てくれる国も、他にあるまい。「中韓連携」を支持する大学院生が「日韓連携」支持より多い国であると同時に、九〇年代初めまでは安保意識が高く、日本に北への警戒や国家安保を説く国でもあった。

それが韓国である。日本としては、韓国の色々な面を把握すべきだし、「足して割り」、「相殺して」ポジションを薄めたり沈黙したりするのでなく、根幹を見つつ、それぞれに発信・主張し、連携・協力していくのがよいだろう。

第1章にあった話で一つだけ、〈腕章〉(五二頁)を思い出していただけるだろうか。要領よく立ち回って、その時々に有利な腕章を付ける。「勝ち馬に乗って」いるようだが、はたしてそれでいいのかという、識者の韓国社会評であり自省であった。どの国にもあろうが、韓国は日本よりその傾向が強いようだ。自由・民主や日韓・日米韓連携は、時々付け替える〈腕章〉を超えたものであると、理解してもらうことが重要だと思う。

政府を含めた日本側は、韓国についてもう少し腰を据えて考えるのがよいと思う。韓国の主張を鵜呑みにするのではもちろんなく、韓国に反発する激しさだけを競うのでもなく。

「なぜそうなるのか」を、韓国社会の変化や心理や対立構造を踏まえて把握した上で、どう働きかければ好ましい方向（日本にとって、そして韓国にとっても）に進むのか、どういう要因でうまくいかないのか、逆に、よい案が来たとして、それで韓国内を通せるのか。じっくり見きわめて検討するのが望ましい。

「韓国はどうしようもない」と冷笑するより、省内外のプロの意見に耳を傾け、冷静な把握と策の検討に時間を使うのがよい。韓国内の各界の意見の動向や論調を、また個々の事象の底に流れる発想や韓国内の力関係を把握しつつ。

外交に通じた方の中にも、「日米同盟、米韓同盟という外交安保の基盤があるから、大丈夫」と見る方がおられる。だが、残念ながらそういう状況は、過去のものになってしまった――と、近年（韓国在勤時）私はよく感じた。

韓国はそれだけ手間ひまかかる、ラクはできないのだ。無視したり適当に受け流したりすることが、日本と東アジアにとってよいならそうすればいい。だが、そうではない。不要な妥協はすべきでない。そのためにも、より深く把握したうえで、これまでより効果的にかつ粘り強くものを言っていくのがよい。

†最新動向——言葉でなく実体が前に進むか

中国の台頭、ロシアのウクライナ侵略の中、本来なら日韓、日米韓の連携がこれほど必要な時期はない。九〇年代ならそう進んでいただろう。だが近年、韓国が違う方向に歩を進めてしまったこと、それで何度も日本の失望を招いたことは、本書で見たとおりだ。

韓国の日本観、対日外交は、「政治」だけでなく「社会」や「心理（高揚感と不安。自国像）」に根を持つ話である。「民主主義と世論と国益」、「歴史観が〈民族の記憶〉を克服できるか」、「旺盛な国際性と隣国認識の弱さ」がみな絡んでくる。と同時に、当然ながら韓国内でも、対日関係や対中、対北関係について、安全保障について、真摯な問題意識はある。

韓国の尹錫悦《ユンソンニョル》新政権は対日関係を重視し、立て直しに意欲を見せている。対北、対中関係に変化が期待されもする。問題の複雑さ、国内対立の厳しさを勘案すれば、そう簡単ではなかろうが、韓国が、理性的で建設的な姿勢を取り戻してほしいと心から思う。

今年三月までの大統領選挙戦は、中国への反発が高まっていたこともあり、中国は論点になった。日本はほとんど論点にならなかった。これは過去の大統領選でも同様だったが、反日を叫ぶのは古い、時代遅れで受けないとの感覚も作用したようだ。

経済が発展し、日本との国力差が縮小することで、韓国は心の余裕が生まれ、日本を客観的理性的に見る方向に向かうと、世紀の変わり目に日本は期待した。だが、そうはならず、むしろ日本の失望を招き信頼度が低下してしまった。外国観一般（例：五輪開会式中継。三六～三七頁）にもいえることだが、「外の目」を意識し常識的な注意を払うことを忘れがちだ。仲間うちの自由気ままな話をそのまま外国に向けてよいわけではないと、もう一度想起するのが、韓国の利益になるだろう。

他方、中国観は最近変化している（一〇二頁）。日本観についても今後変化が生じる可能性はある。日本観と中国観は、本来、連動したり競争関係にあったりするものではない。だが、中国観変化の根底で、韓国自身の国益や外交方針について冷静さを取り戻しつつあるのなら、日本観に変化が生じる可能性はある（そう簡単に進まない可能性もある）。韓国にとって「目の上のこぶ」……重苦しく、気になる国は、日本よりも中国になりつつあるようだ。

中国に対しては、「韓国経済の将来は中国に握られている」としていわば過剰に「気にし」、じっと我慢してものを言わない傾向が目立った。だがごく最近、「黙って耐える屈辱はやめよう」と、「気にする」度合いを調整する動きを見せてもいる。

日本に対しては、一時は合理的な見方が浮上しかけたが、「日本を（日本国民の反発も）気にしない」方向に流れてしまった。「気にしない」の過剰（国際社会にしない。意識的な努力をしない。

会の常識や礼儀を看過。一四六～一四七頁）で、日本国民を怒らせ信頼を失った。そこに気づいた人もいるが、新たな方向は定まっていない。

韓国の日本観、中国観は、時差を持ちつつ、どちらも変化の過程にあるといえよう。

日本としては、韓国側の作業を注視しつつ、ことばや抽象論でなく、韓国の政策の実体が前に進むかを見きわめることになろう。日本からも働きかけ、韓国をその方向に促すだろう。

日韓、日米韓の連携強化を、手間ひまかけても進め、また客観的な日本観が育つように、促し手助けしていくのがよい。

そして、次章以降で述べる、外交イシュー以外の面から見た韓国と中国についても、ぜひご覧いただきたい。中韓両国のまったく別の姿が現れると思う。グローバル競争に背を向けがちな日本の心理——そこには中韓への憤懣《ふんまん》が作用してもいる。これらの点を総合して韓国への姿勢を組む（足して割るのではなく）ことが、日本の利益になると思う。

第 4 章

日本の前を行く中韓

釜山港はコンテナ取扱量世界第7位(中国、シンガポールを除き世界最大)。東京、横浜、名古屋、大阪、神戸各港の合計より多い。コンテナ貨物におけるハブ港湾。

(写真提供:YONHAP NEWS/アフロ)

1 「日中韓協力」で見たもの

†グローバル化と中韓躍進

ここまで、隣国韓国との「外交」を軸に述べてきた。外交は国の非常に重要な柱である。しかし、それ以外に何本かの国の柱がある。経済、国防、教育、科学技術、また「ヒューマンセキュリティ」と括られる福祉や保健、環境、防災だ。そしてこれらほぼ全方位にわたる制度を構築し運用する「行政」の能力も、国力の浮沈を左右する。

この十数年私の心を占めてきたのは、日韓関係と並んで、日本の国力が地盤沈下しておりそこには大きな心理的要因がある、その手当てがなければ減退は今後も続くということだった。

本書の第4～5章では、日本自身の活力について、グローバル化、行政、中韓との関係性の観点から分析し、日本が取るべき選択の方向を探っていきたい。

この二〇年、「アジアの圧倒的トップ」からずり落ちた日本の心は傷ついている。その現実の中で淡々とやっていると見えても、傷を負っている。そして、この二〇年のプロセスで育った二つのものがある。一つは「グローバル化嫌悪」であり、これは「日本は別格の存在」との意識につながっている。もう一つは「中韓嫌悪」だ。この二つは関連しており、後述するように後者が前者を補強している。

そしてこのグローバル化嫌悪は、外交という分野を超え、幅広い意味での日本の「国力」——経済発展、社会の活力、行政能力、教育、外に開かれた関心、対外アピール、自らを客観視する力など——の足を引っ張っていると思う。私がこの問題意識を持ったのは在外勤務のときであった。中韓以外の地域（私の場合は特に中東）で語られる〈日中韓の比較〉も、示唆を与えてくれた。

†日中韓の乗用車生産は世界の五〇パーセント

日中韓三カ国の合意で二〇一一年にソウルに設立された「日中韓協力事務局」という国際機関がある。私はこの事務局長を二〇一九年から二年間務めた。比較的小規模（三二名）の組織で、事務局長は三国持ちまわりだ。やりがいのある仕事と日中韓の優秀な職員に恵まれた。外交以外の「行政」各分野に取り組むのは初めてのことであった。二国関係や国際関係は、各国の外務省が所掌《しょしょう》する外交だけで成り立っているわけではないのだ。

ここでは、外交以外の諸般の国力について、またビジネス、教育、文化、技術、学生等について、日中韓三国の比較の中で考えてみたい。日韓関係とは別の話に飛ぶようだがそうではなく、話はしっかりつながる。しばしお付き合いいただければと思う。

まずは、私がこの二年、日中韓協力の現場で見たことをご紹介したい。「日中韓」と一口に言うが、この三国の合計が世界に占める比重は非常に大きい。貿易一九・五パーセント、人口二〇・四パーセント、GDP二五・三パーセント、港湾物流三六・八パーセント、特許申請数五〇・七パーセント、乗用車生産五四・〇パーセント、船舶生産八九・三パーセントだ。

いずれも日中韓協力事務局がまとめた統計資料による（詳細及び最新データは同事務局のホームページを参照願いたい）。はじめの三つは常識的な数字だが、あとの四つは驚くべき大きさだ。一部の指標は、円グラフで三国それぞれの比重を示してみた。

たとえば世界の特許申請数は中国が一位、日本が三位、韓国四位だ。この十数年いずれも中国が急伸したわけではあるが、日本の比重も小さくない。そして韓国も、いくつかの主要項目でヨーロッパの比較的大きな国より上の数値を誇る。三国はエネルギー消費が大きく、その分、地球温暖化対策について要求されることも多い。この三国は、全世界でここまで存在感を増してきているのだ。

二〇〇〇年当時と現在を比較すれば、韓国も、中国ほど目立ちはしないが順調に国力を伸ばしている。日中という大国の陰で見えにくいが、GDPはロシア、オーストラリア、

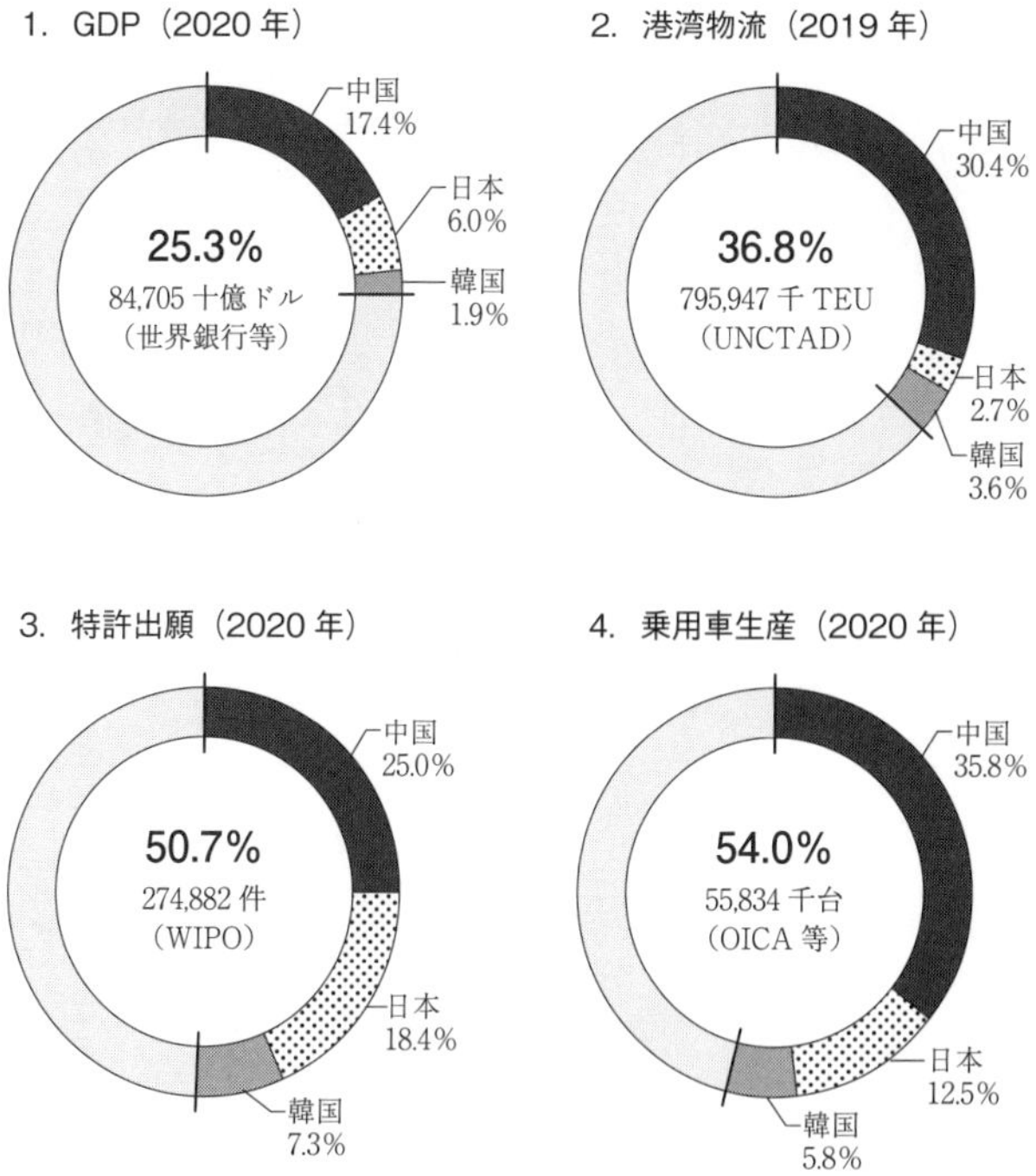

経済データ：日中韓の合計が世界に占める割合（日中韓協力事務局）

（詳細は、同事務局ホームページ https://www.tcs-asia.org を参照願いたい）

スペインより若干大きくイタリア、カナダよりやや小さい。ヨーロッパでいえば中規模国と大国の中間というところまで伸びてきた。港湾物流や船舶生産では、韓国が日本を上回っている。

日本はこの二国を近くから見るので、また自国と比較するので、「あら探し」が多くなりがちだ。それが間違っているわけではないが、外交を離れて地球規模で経済活動を俯瞰《ふかん》すれば、中韓が国際社会に大きな位置を占めてきていることがよくわかる。三国合わせ、乗用車生産が世界の五割、船舶生産が九割を占めていることには誰しも驚くだろう。

†中韓の行政は日進月歩、日本の前へ

さて、日中韓協力は大きく「官」と「民」に二分される。官は、三国首脳会議（サミット）の下にある二一の大臣級会議が大きな推進力である。最初私は、大臣級会議が二一もあることに驚いた。外務大臣会合に加え、経済貿易、財政、中央銀行、保健、交通物流、環境、教育、農業、防災、文化、スポーツ、科学技術、特許、人事行政、水資源など、非常に広範な行政分野で大臣級会議が、またそれを支える実務協議が行われている。

コロナ以前、大臣級会議は非常に活発に開催されていた。二〇一九年一一月末から二〇二〇年一月初めまでの六週間に、首脳会議と六つの大臣会議が相次いで行われた。外交上

の葛藤があり関係が円滑でないときも、三国各省庁の実務協力の多くはしっかり進んでいた。どの国の行政当局もそれが必要だからである。他の二国から学び情報交換して国内行政に臨む実務ニーズが、どの国も大きい。

たとえば環境、防災、高齢化対策は、中韓両国にとっても非常に切実な国家課題である。私は釜山勤務当時のある朝、新聞の一面トップに「孤独死」という大きな見出しが躍っているのを見た。日本よりさらに急速な高齢化が進む韓国。孤独死は、日本と同様に深刻な社会問題なのだ。中韓両国は日本の長年の経験、法制度整備、最近の対処事例をよく知っていて、会議では大臣自らが日本の最新事例について質問していた。

と同時に、中韓両国の行政が体制整備と能力強化を日進月歩で進めている様子が強く印象に残った。もっといえば、この二国が日本の先を行くケースも目にとまった。例をあげよう。

デジタル行政　例えば韓国では、大学の卒業証書や成績証明を、駅頭でも市内各地の行政窓口でも、オンラインでいつでも入手できる（一〇年前からそうだった）。コロナ対応に際して、日本は感染者数集計を手作業とＦＡＸで行い、これが原因でミスが生じていることが韓国でも報道された。「日本が？　信じられない」と知人は目を丸くしていた。

全国民の医療・保険情報の一元データ　これは日本や中国にはなく、韓国だけにある。

電子商取引（eコマース）　特に国境を越えるeコマースが中韓二国で急速に発展している。問題事例や限界事例が多く発生するとともに、それに対処する役所のノウハウ・能力が発達してきた。

特許法制　書類は英語でよいとし、懲罰賠償（悪質な場合、通常の三倍の額を課す）制度を導入する。この二つは、特許制度の実効を上げるため、日本でもその必要性について検討されていたが、韓国が先に法制化した。

無料レジ袋廃止の法制化　これも韓国が一番早かった。

――以上、いずれも日本の専門家から聞いた話だ。日中韓協力の場にいながら、三国の切磋琢磨と興亡が見える気がした。日本が中韓の前を行く分野は多いが、その逆もある。中韓の行政能力向上はめざましいと、日本の各省庁から聞いた。

†文化、ビジネスでも中韓が日本の前に

日中韓協力で「官」に次ぐ柱は「民」である。文化、ビジネス、研究者、学生、メディア、地方などの分野において、多様な三国協力がある。私の任期の四分の三はコロナ下にあり、対面での交流ができなかったが、それでも以下のようなことが目にとまった。

文化

日中韓三国の青少年映画祭で、大学生、専門学校生、若手作家の作品のコンテストを行っている。映画はかつて日本が中韓の「先生」であり憧れだった。張芸謀、陳凱歌、馮小剛など中国の有名監督が若い頃（一九八〇年代前半）、日本の作品を繰り返し観て、感嘆しつつ研究した（私はこのことを北京で馮監督から直接聞いた）。しかし近年、中韓の映画は世界の舞台で日本の作品以上に注目されている。二〇二〇年のアカデミー作品賞を受賞した、韓国の『パラサイト（寄生虫）』だけではない。二〇〇九年にはすでに、中国映画に出演した日本の俳優がこう話していた。「中国では映画一作にかける費用と時間、熱意が桁外れ。四〇年前の黄金時代には日本もそうだったのだろうが、いまの日本とは比較にならない」

今、日本の専門家たちが言う。「日本の若手が、中韓の同世代の作者と作品に接し、刺

激を受けることが重要です。日本は遅れています。中韓は、映画については国内市場が大きい上に、最初から海外特にアメリカのニーズを勘案して作品づくりをしています。アメリカでの興行成績も人脈もプロモーション努力も、日本とは比較になりません」

この映画祭（アジア国際青少年映画祭）は、二〇一九年までの一〇年以上中韓二国が交替で主催してきた。日本は組織も予算も乏しく、参加はするがホストはできなかった。二〇二一年に初めて、関係者の大変な尽力により日本開催が実現した。映画をはじめ文化を後押しする資金と公的仕組みが、中韓は強く日本は弱い。日本は中韓の後方にいる。世間にはあまり知られていないが、その一例といえよう。

中小企業と女性のビジネス

女性を含む若手起業家による日中韓ビジネスセミナーを開いた。三国のうち、主催者に一番感謝してくれたのは日本の参加者だった。こういう場に参加したのは初めてで、見るもの聞くものすべて新しかったという。一方、中韓の参加者によれば、すでに同種の会合ないし普段のビジネスで、半分近くは知った顔だったという。日本が一番の新米で、その分学ぶことが多い。伸びしろが大きい。

学生

日本にも非常に優秀な学生はいるのだが、多様な学生交流を総合して見ると、英語力や人前で発表する力は中韓のほうが上だ。経験の差が大きい。課題のグループワークでも、おそらく語学力とは関係なく、議論をリードするのは中韓が多い。

なお、大学生になれば日本もよさを発揮するのだが、高校生交流では、「なぜこれほどまでに違うのか」という程の差がある。中国は、招待してくれた日本の政府や関係者にはっきり感謝を述べる。一人一人が「大人」だ。日本の高校生には見られないことだ。

†優秀な日本の国際人材、しかし中韓はさらに

以上、日中韓協力の現場で、官民双方につき「中韓が日本の前を行く」例をあげた。最後に、協力事務局の職員採用を通じて感じたことを付記したい。

協力事務局の職員募集は、通常、大学院修了か学部卒、二〇代三〇代の応募が多い。文書も部内の会議も英語なので、英語力が必須。非常に優れた応募者が日本からも多い。TOEICやTOEFLで満点だった、ヨーロッパや米国で修士号を取った、アフリカで難民事業に携わった、国際連合や日本大使館で勤務した、あるいは英語が流暢なだけでなく中国語・韓国語の一つが話せるなど、有能な応募者がいて心強い。日本も強いぞ、若手の

国際人材が育っているぞと言いたいところである。

しかし現実には、韓国では日本の五倍から一〇倍、中国ではさらにその二、三倍ほどの応募者がいる。大学や大学院で海外に留学した人、親について高校までの数年海外で暮らし英語の学校に通った帰国子女は、日本にも珍しくない。だが、韓国ははるかに多い。

中国はどうか。地方都市で外国語を重視する小中高校に通い、一五、六歳でネイティブに比肩《ひけん》するほど英語を話し、読み書きできるようになった職員がいる。中国にはこの種の学校が珍しくない。小中学校の場合はほとんどが親の意向である。親の教育熱について日本とは大きな差がある。大学・大学院は海外でというケースも多い。

韓国では、小学校低学年から英語を学ぶことよりも、高校・大学受験で、また大学入学後に求められる英語の学習量が日本とは段違いである。「自国を超えて活躍する青少年を育てる。それが愛国」という発想が中高の先生方にも父兄にも社会にも浸透している。優秀な高校生・大学生・社会人の多くが留学や海外での仕事を目指す。

2　北京、ソウルでの私の見聞

†「日本の子はいいいな、僕らの半分しか勉強しない」

ここまで日中韓協力の枠組みを通じての観察を述べたが、それ以前、北京とソウルでの勤務を通じて私が見た「日本より前を行く中韓」の具体例を紹介したい。

世界の大学ランキングでは、中国の大学が日本より上位に多い。一人当たりGDPは韓国と日本は同じ水準にある。労働者一人当たりの生産性は韓国が日本を上回る。大学進学率は韓国が日本より大幅に高い。こうした統計データについては、多くの読者がすでにご存じだろうと思う。ここでは、「現場の生の声」を体感していただければと思う。

二〇〇八年の北京オリンピック開催直前。参加各国を応援する小学校が指定され、私は日本応援に指定された北京市内の小学校を訪問した。一年生の教室で話をする機会があり、子供たち一人ひとりが富士山の絵を描いて歓迎してくれた。水泳の北島康介選手、卓球の福原愛選手の知名度が高かった。

「日本の学校ではどのくらい勉強するのですか？」という質問があった。

「小学一年生は、週の半分は一日四時間授業です」と私が答えたら、教室がドッと沸いた。

「僕らの半分しか勉強しないんだ。いいな、日本の小学生は。いっぱい遊べていいいな」

中国では小学一年生でも一日七、八時間授業する学校が多いのだ。小学校、中学校、高校と積み重なって、勉強量に大差がつく。中国の子供は「勉強しない日本」をうらやましがるのだが、複雑な気分になった。

日本の知人は、子供が中国の小学校に通い、一年生だ。「今日の授業で、先生が難しい質問を出された。クラスでできたのは二人だけだった」とその子が言う。

「Aさんの家から学校まで一〇〇メートル、Bさんの家から同じ学校まで二〇〇メートルです。さて、Aさんの家とBさんの家は何メートル離れているでしょうか」

私は耳を疑った。一〇〇メートルから三〇〇メートルまでの間、無数の答がある。これが小学一年の問題だ。答が一つでないこのような問題は、日本の小学校では高学年でも出題しないのではないか。算数や国語でない、「知能」という授業でのことだという。

†日本の学校に通うと勉強が遅れる

中国の大学生や高校生は、日本訪問を通してそれまでの固定観念を破られ、非常に良い印象を得て帰る。同時に、ある日本訪問団の感想文にこんなことが書かれていた。

「日本人は英語ができないと聞いていたが、これほどとは思わなかった。私たちは英語で一応やり取りができるが、日本の高校で英語を話せる人はクラスに一人だった」

「英語や数学は我々のほうが上だが、絵画や工作や書道は日本の高校生のほうがうまい。手先が器用だ。放課後のクラブ活動は好きなことを自由にできる。夜遅くまで勉強ばかりに追われる我々とはちがう」

「日本は先進国なのに緑が多いのに驚いた。成田空港に降りるときも、移動の道中でもそう思った。豊かな緑に囲まれ、野や山を走り回っている。コンクリートに囲まれ勉強ばかりしている僕らとはだいぶ違う。訪問先の高校生とハイキングをしたが、深い山と美しい川は桃源郷のようだった」

――都会の優等生が素朴な田舎の子を見下ろす視線ともいえる。これは、日中の高校生活の差を正直に反映しているのだろう。日本では今も、日本が都会、中国が田舎と思っている人が多いのではなかろうか。

九〇年代半ばまでは、外交官もビジネスマンも新聞記者も、日本勤務は花形だった。仕事だけでなく、子弟の教育にも有利だった。しかし世紀が変わると事情が変わった。私が北京にいた二〇〇八年にはすでに、「日本の学校に通うと勉強が遅れる」との評価が支配的だった。特に英語と数学については深刻だ。夫が東京へ単身赴任し、妻と子供は中国に残るケースが増えた。

この頃、日本観光で良い印象を得たという人から聞いた。「東京の街を歩くと、たぶん三〇年前から変わってないんだろうなというところが多くて、なつかしい気分になりました。クレジットカードが使えないとか、英語が通じないなど、昔の中国のようです」

†韓国の「行政」今昔

「勉強」の次は「行政」について記しておきたい。

一九八五年から八六年、ソウル大学大学院で学んだ時に指導を受けた一人が盧在鳳《ノジェボン》教授だった。その後大統領府（青瓦台）に抜擢され、一九九一年には国務総理になった。その後何度かお会いする中で、総理当時をこう回顧されることがあった。

「当時の我が国の行政は水準が高いとはいえなかった。環境、福祉、教育、保健などソフト部門の官僚の質が低く、暇を持て余していた。志気高くよく訓練された日本の官僚とは大差があった。法律や一般方針だけでは行政がまわらず、実施細則の策定や、実務を執行する官僚の知的優秀さが国の力を支える。これが日本は高く韓国は低かった。総理としては異例だったが、役所ごとに、時代のニーズに合った大胆な改善を指示した」

「官僚の優秀さと廉潔さは、日本が発展した大きな基盤であった。日本の官僚叩きは過度なものがあり、自らの力を弱めているだけだ。理解に苦しむ」とも指摘された。

時は飛んで二〇二一年。古い友人の一人がある役所の次官になっていた。

「新型コロナの現状把握と対策検討で、毎朝関係省庁の長官が集まるのですが、時には次官の私が出席しました。自分も長年役人をやっていますが、最新の感染動向とその分析を詳細に、一目でよくわかるように、質の高い資料が毎日大量に出てきます。複数の役所の所掌にまたがり相談と調整を要することは多く、対外秘の部分も少なくありません。自分の国ながら、データ収集と処理の速さ、わかりやすい要点整理、対策についての議論が印象的で、韓国の行政はここまで来たのだと感心しました」

以上、ちょうど三〇年の時を隔てた二つのエピソードだ。印象論ながら、韓国の行政の急速な進化を感じ取れるのではないだろうか。

†中国のWTO加盟、韓国の釜山港――グローバル競争見すえた英断

次に、一九九〇年代末から今世紀にかけて、中国と韓国がグローバル時代に沿った競争力強化を国家次元で計画的に進めた代表例を、一つずつあげてみる。

二〇〇一年の中国のWTO加盟は、国内の犠牲を覚悟した上で、グローバル時代の競争力強化へ大きく舵を切るものであった。

国内業界への厚い保護をやめ、世界に通じるような優勝劣敗の厳しい競争に入ってもらう。痛みは伴うが、それを避けていては国の発展がないとの判断だ。国営企業を廃止し、大規模な規制緩和を行い、大きな出血と抵抗を伴った。一〇〇〇を超える法令改正を行った。そこまでしてもWTO加盟が中国の経済力向上にどうしても必要だと、当局は理解していた。

これは中国に決定的な利益をもたらした。二〇〇四年には早くも日本を抜き世界第三の輸出国になり、中国経済評論家の津上俊哉氏はこれを「イデオロギーを捨て、中国をより豊かにする途を選んだ」と評した。

韓国では釜山港を例にあげよう。釜山港はコンテナ物流世界第七位。日韓を通じて断然最大の港である。東京、横浜、名古屋、大阪、神戸の合計より釜山港一つのコンテナ物流が大きい。一八一頁の円グラフ（港湾物流）でも韓国が日本を上回る。

一九九〇年の釜山港は神戸や横浜より下位だったが、計画的に大拡充を進めた。釜山だけでなく中央政府の、グローバル競争を見据えた国家次元での釜山港へのテコ入れだ。釜山に来訪した日本のベテラン知事が私に言った。「日本でも九〇年代から、どこかの港湾に集中投資しないとみな釜山に負ける、グローバル競争に生き残れないとわかっていた。でも日本は主要港横並びを崩せなかった。国家次元の英断で大拡充した釜山はハブになり、日本各地の港湾をスポークとして束ねるようになった。日本船が日本の港からいったんハブの釜山へ行き、釜山から日本の別の港に移動している」

†中東での評——中国企業は日本より仕事熱心

中東最大のビジネス拠点、UAEのドバイに二〇一四年から一七年まで勤務した。UA

Eの日本人在住者は三七〇〇人で、中東アフリカを通じ最大。知人の日本人が「飛行機で中国外交官と隣席になって、UAEに日本人は三七〇〇人いると言ったら鼻で笑っていましたね」という。そう、UAE在住の中国人は二八万人で日本の七五倍だ（数字は当時）。そのほとんどが労働者というわけでもない。中国のある国営企業一社のUAE拠点で働く中国人はなんと五〇〇〇人。ここの職員から話を聞いた。

「中国の評判が悪いのはもちろん皆知っています。品質が悪いとか約束履行がルーズだとか。その悪評を覆したくて私たち皆頑張っているともいえます。五〇〇〇人の中には、清華大学はじめ一流大学卒業者もいます。本社は世界大で事業展開しているので、中小の事業案件まで目を配る余裕がなく、たいていのことは現地の私たちに任せています。比較的権限があります」

中東アラブ圏の経済界幹部（日本通）のことばを紹介しよう。

「中国製品は品質が悪い。誰もが知っています。隣国が中国車一〇台を輸入したらどれも一年以内に故障したという話は広く知れ渡りました。それでも、日本の方には申し訳ないけど、中国の魅力のほうが大きい。ビジネスのスケールが違う。インフラ投資などの大きな話でも、何とか軌道に乗せる。スピード感も違う。価格競争力がありビジネスにも柔軟性がある。なにより中国のほうが仕事熱心です。メールや電話をまめにしてくるのは中国。

日本は、動いている案件がないと一年ほったらかし。日本企業が、中国の半分でも仕事熱心ならいいのにと思います」

†世界での切磋琢磨に日本が入ってこない

韓国には国立バレエ団があり、日本にはない。当時の国立バレエ団長は幼少期を日本で暮らした方で、八〇年代前半は自身が韓国のプリマ・ドンナであった。

「日本には伝統のある優秀なバレエ団がいくつもあります。でも残念ながら、組織が小さいので、国と国との交流の相手になりにくいのです。人を派遣し、受け入れ、合同公演する国際交流は、財政面や組織面で、国の支援なしでは困難です。日本は韓国に比べ、海外公演を企画し実施する余裕がない。私の世代は日本のバレエの良さを知っていますが、若手はそうではない。行き先もヨーロッパか中国。日本のバレエに関心がいかない」

「韓国人の目からは、日本人は男女とも身長がなくジャンプの高さもない。でも、技術や正確さがあり、フランスの専門家は評価する。誰も皆国際交流で世界の一流に触れ、悔しい思いをし、切磋琢磨して伸びる。その輪に日本があまり入ってこないのが残念です」

「国立バレエ団だけでなく、芸術分野で国立の団体が多数あります。国立オペラ団、韓国交響楽団、国立合唱団、国立現代舞踊団、国立劇団等々。そしてこれらを束ねる国立芸術団体連合会もあります。芸術に国家が介入するなどというのが日本の発想なのでしょうか。でもフランス、ロシア、中国、韓国には国立の組織があります。国費を投じて、人材発掘と若手の選抜・育成を中長期で進め、ジュニア時代から国際舞台の経験をさせる。有利な点が多いのはまちがいありません」

†文化で国家ブランド向上――昔は悔しい思い

文化観光体育部の長官を務めた方から一〇年近く前に聞いたことだ。

「文化は文化だけのものではない。東南アジアや中国の観光客が大挙ソウルで化粧品を買い求めてくれ、日本の方もドラマロケ地を訪ねて観光にきてくれる。韓流ドラマのスターやK－POP歌手の人気があるからこそだ。文化が、観光とビジネスを大きく押し上げている。韓国の国家ブランドや親近感を上げるという政治・外交効果があり、観光はじめ経済効果も大きい」（なお、当時は外国観光客来訪数について、韓国が日本を上回っていた）

「「韓流」文化の中でも、ドラマ・映画と並び、アイドルグループの音楽・ダンス（K－POP）は売れっ子だ。政府支援なくしても世界で成功した。だが政府支援も行った。K－POPの著名企業がヨーロッパでの大規模イベントを検討しつつも慎重だったのを、政府が財政を含め強く後押しし、成功。チケットはあっという間に売り切れた」

「韓国は長年、国際社会での低い評価に悔しい思いをしてきた。日本は五〇年以上前から文学や映画が国際社会で高い評価を受けていた。文化は経済、観光との相乗効果があり、国家イメージ発信の国際競争だ。韓国はやっとここまで来たが、文化予算をもっと増やし海外発信しろという国民からの叱咤が今もある。日本の文化予算はこの二〇年ほどあまり伸びないと聞き不思議に思っている」

ちなみに韓国では文化の海外発信は予算が伸びたが、地方の伝統文化保存予算は大きく削られた。専門家いわく、「韓国は日本ほど豊かに発達した地方文化がなく、手をかけて保存しないとさらに廃れていく。でも韓国の国民は、日本と違ってこうした地道な文化保存に関心がない」。これまた実に韓国らしい割り切りで、日本とは対照的だ。韓国の世論は、文化保存でなく、韓流文化の国際セールスを政府に強く求める。日韓の発想の縮図のように思う。日本は、世界での競争で有利に立ちたいとの意識、努力が少ないのはまちがいない。「日本ブランドは評価が高い。我々は特別。あくせく努力する必要はない」となれば、おごりに近いだろう。

余談だが、ソウルでの「日韓おまつり」を二度担当して感じた一つは、日本では地方文化が各地で発達して今に残り、韓国はそうでないことだ。韓国の高名な教授いわく、「各地方の特色を尊重した江戸時代と、中央集権の朝鮮時代の差が大きい。江戸時代に各藩は独自の産業や文化を奨励し、競って育てた。韓国は逆で、ソウルと違うものはよくないとして地方の独自性を排除した」。

ソウル近郊に、スポーツ各種目の国家代表選手のトレーニング兼リハビリ施設がある。日本の国会議員や専門家と一緒に視察した。種目別のトレーニング施設は見たことがないほど大規模だったが、日本の専門家がより驚嘆したのはリハビリ施設であった。ある大財閥が主に運営していた。この企業グループは野球、サッカー、バスケットボール、バレーボールでプロチームを持ち、陸上、レスリング、卓球、テコンドー、ラグビーでアマチームを持つ。各競技の選手のリハビリも経験豊富だ。実際、多くの選手が黙々とリハビリに励んでいた。

「一流選手は自分をぎりぎりまで追い込むので、けがは付き物。柔道や体操や陸上で、大けがをすれば選手生活はもうおしまいか、世界最高の治療とリハビリで半年一年後に一線に復帰し、再びオリンピックや世界選手権レベルに戻れるか……。多くの種目にわたることだけに、国全体で見ればこの差は大きい。ビジネスと政府の連携プレーです」との説明に、日本の専門家たちはうなっていた。「政府と大企業のこういう本格連携自体、日本では聞かない」と言っていた。

——以上、東京オリンピックは好成績だったし外国人観光はここ数年日本が好調だが、油断は禁物。興亡の歴史は今も進行中だ。

†日本がいちばん遅れている――音楽ビジネス

文化について、政府支援と離れ、エンタメビジネスの話を紹介したい。

二〇一二～一三年、韓国の代表的なエンターテインメント企業の夕食懇談会に呼ばれた。K－POPの男子グループがステージで歌い踊る。企業の顧客サービスとして、グループ育成の解説やメンバー各自の挨拶もあった。

徹底した商業プロデュースと熾烈《しれつ》な競争が強く印象に残った。一〇人の男子グループは一八〇センチ以上のイケメン揃いで、歌もダンスもうまいし、礼儀正しく、韓国語、英語に加え日本語か中国語ができる。たしか日本人、中国人も含まれていた。一〇人いるが、その三倍を超えるメンバーの中から選抜された人だけがステージに立てる。米国拠点、中国拠点それぞれでビジネス戦略を立て、その地のニーズに応じて曲もメンバーも編成替えをするとの話だった。

当時すでに東方神起、少女時代が一世を風靡《ふうび》していたし、それ以前にはBoAもいた。二〇一八年からBTS（防弾少年団）が世界的人気になるが、長期的な「仕込み」の上に結実したものだろう。

さかのぼって二〇〇八年、日本の音楽業界の大幹部が北京を訪れた。「いまどき、コンサートのチケットの売り上げ、CDの売り上げで商売しているのは日本くらいです。日本が一番遅れています」と、当時すでに話していた。

「ASEANでも押されがちですが、日本が長年かけて地盤を築いてきた中南米であっという間にK-POPに席巻された。コンテンツが世界水準ですし、新曲リリース前に一部をSNSで拡散させ話題を作る、そういう手法も成功した。著作権をガチガチに考える日本からはそういう発想が出てこない」「日本は国内マーケットがある程度大きいので安心してしまう。国際競争に打って出ようとする会社が非常に少ない。韓国は、最初から海外マーケットを考えてプロデュースしないと商売にならない。一般のビジネスと同じですね。このままでは日本はさらにジリ貧になります」

†国と企業のソフトパワー拡大

ここでは第三国で聞いた日韓ソフトパワー比較をお話しししたい。

ドバイの公共部門の中枢で経済金融を動かす幹部。中東は一般に日本への評価が高いが、彼も二〇年前に日本訪問して以来の日本ファンだという。「シンガポールに住んだ時も、妻と一緒によく日本のデパートに買い物に行った」と懐かしそうに語るが、少し尋ねると正直な話が返ってきた。

「そういえば日本に、この五、六年行っていません。中国と韓国は毎年一、二回行きます。先月も韓国の企業グループの招待で、韓国内をあちこち訪問しました」

これは何も彼の「心変わり」ではない。日中韓三カ国の官民のどこが海外への働きかけ（人の招聘）をしっかり行っているかを正直に物語っている。

韓国や中国の官民は、このように、世界各国の政・経・官・学・メディアの重鎮や将来有望な中堅の多くを自国に招き、視察や会食プログラムを組んでいる。自国に親近感を持ってもらい、誤解や反感を減らす。口に出さないが、今後自国に有利な方向で動いてもらいたい、少なくとも反対を扇動されるのは防ぎたい。国際相互理解増進のためと美しく言うこともちろん可能だ。古くからあるソフトパワー拡大のための事業だ。

一九八〇年代～九〇年代半ばまで、この「人の招聘」事業は日本の得意技だった。世界各国と分厚い関係を築き、好印象を与え、ブランドイメージを高める。当時、韓国の官僚が「我々も日本を見習ってやりたい。道ははるかに遠いが」とため息をついていた。人的交流、文化交流、学術交流。そしてＯＤＡ（政府開発援助）にも共通した面がある。人を招き、人を派遣し、他国を支援しつつ自国の印象や評価も高まる。この四半世紀、日本では国際交流にかかわる予算が減少し、中韓では増大した。日本もこの重要性に気づき、近年は底を打ったとも聞くが、今後どうなるだろうか。

韓国では企業が政府を補完して国際ネットワーク構築、ソフトパワー増大に大きく貢献している。これもドバイで見たことだが、UAE政府主催、国連が支援する大規模なコンベンションで、韓国の大企業幹部がメーンの講演を行っていた。会場には、中韓両国企業の大きなロゴや垂れ幕が多数見られた。そうしたイベントが非常に多かった。日本企業のプレゼンス（人やロゴ）を見ることはまれだった。

3　新型コロナ対策と行政・世論

†日中韓社会の差――既存システムの信頼度

この節では、コロナ対策について日中韓（主に日韓）を比較するが、まずその導入として、三カ国の社会の特質について述べておきたい。

日中韓三国の社会の差を問われた場合、「既存システムへの信頼度の差」が本質だと私は思う。信頼度が日本は高く、中国は低い。韓国はその中間だ。ここでいうシステムとは、国・地方の法体制・行政制度を中核としつつ、コミュニティーでの生活様式も含む。

地震や台風で家を失い家族を失っても、食料・物資配給で静かに列に並ぶ日本人の姿が、中国ではよく美談として話題になった。あわてず騒がず秩序に従う。日本人の大多数は、昨日と同じシステムが今日も明日も続くと信じ、周りの皆と同じに行動することがよいことだと思っている。緊急時においてもそうだ。

日本はパニックになりにくい長所はあるが、一方で既存システムの変更にともなう行政・社会・心理的コストがとても高い。既存システムが優秀だと思っているだけに、「昨日までと違う明日」への抵抗感が強い。これまでの常識を超える事態が生じるかもしれないという緊張感が薄い。

中国は伝統的に「お上」を頼らない（最近は急な変化も感じられるが）。頼るべきは個人の才覚と一族郎党のネットワークだ。

韓国はどうか、少し述べてみる。政権交代によって役所、メディア、時に大学や大企業の幹部人事まで影響を受ける、「お上になびく」「権威主義的社会」である。だが同時に、日本と違って「市民」が「体制」に対し一種の優越感を持ち「結局は自分が勝つ」と思っている面もある。自国の「政治、国家システム」への信任・評価が低いのだ。日本のように、長期間政権を担った政党があるわけでも、世界で称揚された「日本的システム」があるわけでもない。

日本では「政治家、官僚」の印象はあまりよくないにしても、警察・司法を含めた「国のシステム」は確固たるものと思われているが、韓国は違う。前政権の高官がしばしば逮捕・拘束される（日本でもよく知られている）のは、システムの継続性が低いことを示す。「使い捨て」と自嘲する韓国人もいる。

さかのぼれば、植民地支配、さらには南北分断。国の根幹が意のとおりにならないことがあまりに多かった。「経済も政治も発展したのだから、もう民意を裏切らない政治であってほしい」という願望が非常に強い。その陰で、「どうせちゃんとやらないんだろう」という諦観《ていかん》や舌打ちも見られる。体制側も自信がなく、「民意」「世論」の一々の動向が気になって仕方がない。中長期的な国家国民の利益より「時々の世論に沿う」「ポピュリズム」を優先しやすい体質がある。それが民主主義だとして。

†コロナ対策

二〇二〇年一月後半から今日まで、世界は新型コロナという未曾有《みぞう》の困難に見舞われ、対策に追われてきた。私は日中韓協力事務局で勤務し、この三国の対策を観察し、職場の三国の同僚の反応に触れる機会を得た。中国、韓国のコロナ対処について日本でも報道があったが、韓国での見聞と、日本との比較について紹介したい。

二〇二一年一一月以降翌年春にかけ、韓国では感染者が急増し、日本は急減の後やや高止まりとなった。韓国では「優秀なＫ防疫」に浮かれていたことへの自己批判がある。しかし、感染状況には大きな浮き沈みがある。二〇二〇年には、韓国の対処策が功を奏し高い評価を得ていた。日本としては、一喜一憂するのでなく、自国の弱点に目を向け他国の取り組みを学ぶことが重要だ。ここではコロナ対策から見えてきた「国家（行政）と世論」の役割を、韓国に焦点を当てて考えてみたい。

コロナが中国から世界に感染拡大した点が究明されるべきを別とすれば、その後の対策について日中韓三国は国際社会の優等生であった。感染者数、死者数ともに例外的と言えるほどに少ない。

この頃印象に残ったことが二つある。一つは、韓国の世論が「早急かつ徹底した措置を政府に強く求める」ことだった。もう一つは、「人と施設の動員」能力だ。

二〇二〇年の二月から四月にかけて、ＰＣＲ検査を広い範囲で精力的に実施した。主要駅や市役所前広場で、あるいは病院前で、「ドライブスルー」を含めたＰＣＲ検査に並ぶ大勢の人を見かけた。

感染者情報が地元住民のスマホに逐次《ちくじ》送信されてくる。「今日、ソウル市〇〇区××地域で感染者発生。何時頃に△△スーパーに立ち寄ったが、すぐに退店」など。ニュースでも、感染者が何時頃地下鉄のどこからどこまで乗り、どの建物に立ち寄ったかなどを報じる。病院で診察を受けた知人は、その病院を訪れた人の中に感染者が一人いた。動線が重なるわけではないが、「PCR検査を一両日中に受けるように」という連絡が来た。

別の知人が診察を受け、医者が見せたオンラインのカルテに彼の入国記録が記載されていた。感染病予防管理法により、患者の入国記録を二一日間医師が閲覧できるのだという。「あなたは最近〇〇国へ渡航し、帰国した」とわかるわけだ。「出入国の個人情報。それが何でしょう。一歩まちがえば何千人もが命を落とす非常事態です。韓国人は文句を言わず皆すすんで協力します」と、中道リベラルのこの識者は言う。

個人情報の尊重・秘匿は韓国でも議論になっているが、彼が言うように、大災害を超え、戦争にも比すべき規模で人命への脅威があった新型コロナウイルスだけに、法律の強化、行政の強化、強く迅速な措置については、国民の広い理解と支持がある。いや、この時期韓国に住んだ実感でいえば、国民が常に強い措置を求め、政府の尻を叩いていた。

†迅速大量動員の力——政府、軍、企業、医師

さて、PCR検査が手軽に受けられるようになったこと（一日に一万件実施）もあって、感染者は急増し、医療が危機に瀕した。喫緊の問題となるのは、重症者の手当てと医療従事者の健康確保だ。韓国政府は二〇二〇年三月一日に重要な方針転換を行い、軽症者を分離して、病院とは別の「生活治療センター」に入れることとした。大邱《テグ》市はじめ地方都市が既存の研修施設を突貫工事で改修した。サムスン、LG、現代自動車などの企業が社員施設を提供した。大きな方針転換だったが、瞬く間に体制が整った。四月初めには空き病床に一万の余裕が生じていた。

　軍の役割も大きく、離島や僻地に配置される「公衆保険医」千名を首都圏と大邱に派遣した。軍役の代わりに公共機関で働く「社会服務要員」六万名が保健所や病院で勤務した。国防部はこのほか、マスク製造会社や病院にのべ二万人強を動員した。

　一般の開業医には、「次の週末、○○区の保健所に来てコロナ関連業務に当たれるか」といった照会がきたという。「若干の手当てが出ました。義務ではないのですが、医者ですから普通は行きます。国家の危機ですからね」との話だった。

　同じ頃、日本はどうだったか。二月末にNHKが、「都内の病院がコロナ対応の病床を二つ作った」ニュースを詳しく報じていた。当事者の努力にはもとより頭が下がったが、「日本全体では二千三千の病床が必要だろうに、大丈夫だろうか」と不安も覚えた。

　ことは、「制度の迅速整備」「人的物的動員」能力とセットなのだと思う。韓国では、役所の壁を越え、軍はもちろん企業も一般の医者も、国民の生命を守るという国家公共目的で国民を「大動員」できる。私自身何度も経験したが、空港での入国者手続き、PCR検査、その後のワクチン接種においては、大勢の人を効率よくわかりやすく動線に従って移動させ、安全衛生に配慮しつつ治療や措置を受けさせなくてはならない。韓国は、このようなロジスティクスの能力が高い。

日本は本来――病院や保健所、さらには自衛隊においても――この能力が高いほうなのだろうが、コロナのように急ごしらえの寄り合い所帯で、防護服を着て、という条件下ではどうであったか。日本は韓国のような緊急的な「動員」＝体制整備を行うのが難しかったというのが現実だろう（二〇二一年以降、ワクチン接種については日本でも「組織の壁を超えた動員」が増えてきたようで、心強く思う。関係者には頭が下がる）

†感染症対策の行政を強化

以上の「迅速大量の動員」「ロジスティクス」と並び、韓国がコロナ発生前から進めていた「感染症に対する行政能力の強化」はどうだったか。韓国は二〇一五年にＭＥＲＳ（中東呼吸器症候群）対処への反省から行政を強化した。当時はデマが広がり、政府は昔ながらの「疫学的対処」だけで国民とのコミュニケーション、情報公開の発想が弱く、対応の失敗を認めた。

韓国で、毎日コロナの最新情報を伝え留意点やメッセージを国民に発するのは、行政経験と専門知識を兼備した保健福祉部のお役人であった。日本は、日々会見しメッセージを発するのは、官房長官か担当大臣か学識経験者であった（節目では総理）と聞く。韓国では、このお役人の報告とメッセージが毎日ニュースで大きく報じられた。情報発信は国民目線で、専門用語は使わず中学生でもわかるように、国民の不安を察知し拡大前にそれを防ぐという役所の方針だった。

法整備については、感染病予防管理法によって、保健所が裁判所の許可なしに個人情報にアクセスできるようにした。携帯電話の位置情報、クレジットカードの使用履歴、監視カメラ映像などを用い一時間以内に特定人物を追跡できる。緊急事態への対処はプライバシーより優先だという広範な支持がある。前述のように、「既存システムへの信頼度」は日本ほど高くないため、法律を含めどんどん変化しアップデートする。世論がそれを求める。

†世論の向きは日韓で反対

コロナ発生以来、私がずっと感じていたのは、「日韓で、世論の向きが反対だ」ということだ。韓国は「政府は国民生活に介入して、感染防止策をもっとやれ、早くやれ」という世論、日本は「え、政府はそこまで介入するの？　そんな措置や規制が本当に必要なの？」という世論、と要約できよう。

二〇二〇年二月二九日、当時の安倍総理が学校休業を呼びかけた記者会見。私はたまたまソウルの自宅のテレビで見た。感染の拡大を受け、大規模なスポーツや文化イベントの中止や延期を要請し、小中高校等の臨時休業を要請した。その前、クルーズ船（ダイヤモンド・プリンセス号）の件で、日本の対応の甘さ（乗船者下船時にタクシー等公共交通機関を使ってよいとし、ここから感染が拡大した）への懸念が各国で広まっていた時期だ。

日本もようやくここまできたかと、記者会見を見て私は一安心した。韓国の知人などは、「日本はまだ休校していなかったんですか」と驚いていた。

だが、日本の世論とメディアの反応は否定的であった。「官邸独走」「専門家の意見を聞いたのか、関係省庁との調整は済んだのか」といった批判が多かった。関係省庁との調整が完了し、各学校に長いリードタイムがあるに越したことはない。だが、それをやっていると大きな犠牲が出る危険も高い。世界各国の深刻な状況は日々ニュースで知っているはず。まさに緊急時なのだが、ソウルから見える日本社会には緊張感が感じられなかった。日本は、平時のスキームの変更に巨大なコストを要する国、平時にしか対応できない国になっているかのように感じられた。

†戦力強化した韓国、自然体で臨んだ日本

一部には誤解もあるが、韓国の対処は中国とは本質的に違うものだった。人口一〇〇〇万人規模の都市の封鎖（ロックダウン）や、外出禁止の町にドローンを飛ばし、アパートの出入りもすべてチェックして違反者を摘発するといった中国流の措置ではなかった。個人情報の扱いの差はあるが、日中でいえば日本に近いやり方である。日本より強い行政措置も、法律に則したものであった。

二〇二一年秋までという時限付きで日韓のコロナ対処を比較していえば、韓国は、失点もあったが、事前に練ったセットプレーと臨機応変の戦力投入が奏功した。日本は自然体で、ほぼ地力のみで、失点も得点もしつつよく乗り切った——というところではないだろうか。日本も新たな工夫や試みが多かったのだが、それでも中国や韓国から見れば「ノーガード」に近かったと思う。

地力の高さというのは、平時の高度な医療システム、マスク着用を含む国民の衛生習慣、社会の秩序と協調というところだ。地力、自然体で乗り切ったのは大したものだともいえるが、胸を張ってよいとは思わない。欧米で、科学や医療の最先進国が医療崩壊し、日韓より桁が多い感染者、死者が出るという惨状があった。日本と中国では「地力の差」はあるが、その差は三〇年前ほどではない。日韓の医療についての差は、大半の日本人が想像

するより小さい。

今後コロナより強力な感染症が流行する可能性もありうるわけで、地力だけに頼るのは危ない。法制度と行政機構の強化、役所・中央地方・官民の壁を乗り越えた大規模で迅速な動員を可能にすることが重要だ。セットプレーや戦力強化だ。

もう一つ、国民の「協力・同調」が日本の専売特許でないことは留意してよい。

日本は、強制されずとも自発的に動く協力姿勢・同調性が高いといわれる。欧米と比較すればそうだが、コロナ対応については韓国のほうが上であった。世論が政府に強い対処を求め、政府より社会が協調をチェックしていたのは、韓国だ。二〇二〇年夏のことだが、日本人の祖母を持つ韓国の知人は、「韓国人は死ぬのが怖いので必死でもがいた。日本人はあまり恐怖を感じず悠々としていた。だから、韓国のほうが効果的な対処ができた」と言っていた。

本書の主題ではないが、ではなぜ、二〇二一年一一月から韓国の感染が激増したか。原因は、①まだ引き締めを続けるべき段階で、規制を緩めた、②前年来の「優秀なK防疫」という傲慢ないし油断、という韓国での分析のとおりだ。高い同調圧力で社会のストレスが一年八カ月続き、窮屈なのはもう勘弁という悲鳴があったし、あえて言えば「熱しやすく冷めやすい。ゆるむのも早い」体質も感じる。

かつてサッカーの国際試合で韓国が開始早々失点し、チームは見るからにガックリし、さらにまた失点した。二つ目の失点は日本ではありえないと思った。

†カギは行政――科学・医療水準よりも

世界に視野を広げれば、コロナ対策における最大のカギは何であったか。その国の科学や医療の水準、国民の衛生習慣は、重要ではあるが最大のカギではなかった。

中国が二〇二〇年半ば頃強調した「一党支配の効率性・優位性」は根本的な誤りであり、かかる自己喧伝《けんでん》に影響されてはならない。二〇二二年初頭以降は上海等での感染急増もある。

しかし同時に、英国、米国、イタリア、フランス、ドイツ等の科学や医療の最先進国で感染爆発と医療崩壊が起こった事実がある。コロナ対処において「行政」の力が、学術や医療の水準より大きな要因であったといえる。平時の対応で乗り切れる程度の感染症なら、〈国家、行政〉が前面に立たなくてもよかったろうが、コロナは新たな次元の脅威だった。

イタリアは財政予算カットで、病院・病床が過剰に削減されたあとでコロナを迎えた。米国は病院経営合理化の観点（たとえば余剰病床をムダ・悪とみなす風潮）が強すぎた。この両国が比較的早期に（一定地域の）医療崩壊を迎えたことは、医療という公共部門を軽視したことへのしっぺ返しともいえよう。もっとも、イタリア、フランス、米国が医療崩壊後に示した回復は、医療という公共部門と行政全般の底力を示したと思う。

日本に戻っていえば、一番大きな課題は、政府の介入は少ないほどよいという従来の発想のままでよいか、そのままで二一世紀の行政ニーズに沿った国家運営ができるかということだ。「地力」つまり前世紀に築いたシステムと能力を改革・強化しなくてよいかだ。ことはコロナを超え、次章で考えることにする。

第５章

日本の心理と選択
——傲慢と憤懣を超えて

文在寅前大統領（左）と尹錫悦現大統領（右）（写真提供：Korea.net）

1　「グローバル化に距離を置け」論

†「最先端国日本が途上国を圧迫」——傲慢と良心のミックス

前章で、中韓が二一世紀のグローバル時代に沿うべく、経済、教育、行政、インフラなどのシステムを強化している実態を見た。かたや、既存システムから二一世紀型に脱却できない日本の姿も浮かび上がった。日本はなぜそうなのか。本章で、〈グローバル化、行政、中韓の躍進〉という三つの柱を立てて分析してみたい。

グローバル化にもまれ中韓の躍進にも追い上げられ、「アジアの圧倒的なトップ」から気がつけば大差をつけられ二番手となった日本。中国だけでなく韓国やシンガポールにもいくつかの指標で追い抜かれ、日本人の心は見えないところで傷ついている。傷つきながらも私たちは（若い人を含め）、日本について自負心を持っている。この二〇年、この心理・が国のあり方の方向感覚にどう影響を及ぼしているだろうか。

また、本書で述べてきた韓国（ないし中韓）への憤懣がここに作用してくる。これも、今後の日本の針路を考える上で重要なカギである。

二〇〇五年と二〇〇六年、私は都内の大学で半年間の講義「日本外交の諸問題」を二度受け持ったが、学ぶことが多かったが、意外な発見もあった。同じ時期に別の大学で教えた外務省の知人が、「驚いた。今も学生はサヨクだね」と言うのに、私もうなずいた。

彼が言うサヨクとは社会主義云々でなく、「強大で傲慢な日本が、弱いアジアや途上国を圧迫し、いじめている」との構図で世界を見る傾向だ。「清く貧しい途上国、肥え太って横暴で醜悪な先進国」「後者が前者を服従させている」というあまりに単純な二分法があり、日本が後者の代表と思っているようだった。「自分らが学生の頃はそうだったが、二一世紀にもなっていまだにそうなのか」と驚いた。

学生が、アフリカはじめ低開発国の、難民や貧困の問題に関心があるのはすばらしいと感じた。だがここでも気になったのは、〈日本＝最上位国〉〈途上国との懸絶した格差が埋まらない〉という前提に立つ、現実から大きくずれた認識だ。

発展が「遅れた国」も、決して「遅れた」ままではない。かつて情報から疎外されビジネスネットワークに入っていなかった国が、グローバル化の波をとらえ、ニーズや市場情報を自ら探り、他国にもつながってきている。

「アフリカの国には、とても優秀な人が多いんだよ。欧米で教育を受けた人もいる。日本人より英語も勉強もできるエリートたちが、ビジネスで、研究で、政府で、国づくりに奮闘し、成果も上げている」と私が話しても、ほとんど受け付けないのだ。

単純に言えば「上から目線」だ。

「日本は強大な国で、世界の最先進国で、アジアや途上国を圧迫している」というのは、プライドと傲慢と良心とがミックスした心理だ。当時もすでに、時代遅れで現実離れした見方だった。学生たちは小中学校や高校でどんな教育を受けたのだろう。「良心」を重視するようでいながら、実は唯我独尊的な発想を植え付け、世界が見えない人間を育てているのかと、暗い気分にもなった。

ところで、学生たちは中国、韓国については相矛盾していて、かたや中韓に今なお「清く貧しい」姿を見よう（何でも日本が悪い、との図式）とする傾向が残り、同時に、ホンネの部分で中韓への違和感と反発が強まっていると感じた。学生たちも整理できていない――これが二〇〇五年から二〇〇六年当時の印象だった。

†グローバル化に日本は適応しすぎた？　遅れた？

日本は世界最先端の国で、グローバル化に要領よく適応しすぎた。ブレーキをかけたほうがいい。そう感じている人が、保守・進歩を問わず今も少なくないようだ。

実際には、前章で見たように、日本が斜に構えたりあぐらをかいたりしている間に、中韓がグローバル化の波に計画的に（必死で）乗って、大きく発展した。海外ビジネスが急伸して大いに儲け、英語とコンピュータに強く海外志向の人材ラインナップが分厚く形成されている。日本は後れをとっている。

日本で、「グローバル化はアメリカ金融資本の世界支配戦略だ。その先棒を担ぐな」と言う人であれ、「弱肉強食でなく匠の精神と調和の重視。日本の美しい伝統が一番だ」と見る人であれ、グローバル化に背を向けている。しかし、その「思想」が是か非かという問題ではないのだ。

ビジネスで汗をかいてきた人の中には、「九〇年代後半の不良債権処理、今世紀に入ってリーマンショック。日本企業はもうリスクを取れない体質になっている」と見る人が多い。これは一面では当たってもいる。しかし経済金融危機は、中韓を含め世界の大半が経験していることだ。韓国は一九九七年の金融危機で日本よりはるかに大きな打撃を受けたし、中国は独特の経済運営の中で自らが「大出血策」を選択して、世界の競争に耐えない企業・業界にメスを加えたわけだ。

†「日本は特別」――あくせくした国際競争と別次元?

日本でグローバル化に首をかしげる人がかくも多いのはなぜか。

私は、〈右か左か、保守か進歩か〉は本質ではなく、〈リスクを取れない企業体質〉が最大の核心でもなく、多くの日本人の心にひそむ次の三つの傾向がより大きいと思っている。まず、「技術も営業も日本が一番。うまくいっている国は、日本のモノマネか、石油か、運が良いだけ」という思いあがり。

次に、「どの国も、国づくりとビジネス拡充のため真摯に努力している。課題克服のため検討と工夫を重ね、足で稼ぎ、涙と汗にまみれている」という実感を持てない傾向。「日本だけがこんなに苦労している」かのような誤解。また、「あくせくしたつばぜり合いの国家競争と日本は別次元」であるかのような意識。

これら三つを括《くく》るなら、「日本は特別」という感覚があるといえる。世界どの国でも自国は特別という意識はあるのだが、日本のこの心理はやや独特で強い。少し補足しよう。

一九八〇年代まで、国の格差は非常に大きかった。学校、病院、行政、交通、産業インフラの整備水準が国の発展を分けた。しかしその後アフリカを含む世界の多くの国が制度整備と産業化を進め、「離陸」する国が続出した。

世界どの国もつばぜりあいの競争の中にいる。一〇年いや五年経てば順位も入れ替わる熾烈な競争だ。技術も資源も市場のサイズも各々重要だが、それだけでは勝てない。高校生でも知っている事実といえようが、私たちはこの感覚がやや薄いのではなかろうか。目の色変えてあくせくするのはみっともない、自分たちはもう少し「上等な」「特別な」

国民であるといった、まるで日本は競争のらち外だというような自意識があるのではないか。そしてグローバル競争なるものからは超然としていてよいかのような。

日本は例外でも特別でもない。日本に誇らしい美質があれば、欧米にも中韓にもある。

北京勤務時代（二〇〇七～〇九年）、「中国は一九世紀と二一世紀からできている。日本は二〇世紀だけでできている」とよく聞いた。ジョークでもあるが真実をついてもいる。日本は二〇世紀後半のシステムは非常に優秀だったが、二一世紀的システムへの進化・脱皮は遅れ、行政・人材のグローバル化が遅れている。私の言葉で言えば、中韓はじめ世界の多くの国は「愛国心という骨と国際性という翼」を備えた人が多い上に、国がさらにその骨と翼を強化している。日本人は、プライドは強いと思うが、愛国心と国際性どちらも弱く、国がここを強化することを希望してもいない。

†次世代の幸不幸がかかる――「距離を置け」論の無責任

グローバル化に適切な制御はもちろん必要だ。他国の手が伸びてくるのを防ぐべき分野、各国の主権に委ねるべき領域がある。ほぼ異論がないことだろう。

問題は、「日本はグローバル化に距離を置こう」という方向づけでいいのか、それは日本の低落をさらに助長するのでないか、ということだ。新たな行政ニーズへの感受性が低くなっているのも、「従来どおりでいいではないか」という心理が背景にある。韓国が「知識経済部」という役所を創設した（二〇〇八年）際、私は「軽いな」と感じたものだが、今では、それくらいの腰の軽さもあっていい、新しい産業や行政への取っかかりを、日本も早く始めるべきだったかなと思う。

また、世界は競争の中にあるので、昔の自分と比べるのでなく他国と比べる癖をつけたほうがいい。英語力しかり、大学進学率しかり、新卒の給与平均しかりだ。三〇年前の自国より少しよいとしても、中韓のその三〇年間の進歩とは大差があるはずで、「日本が競争で劣後している」現実を見たほうがいい。

「グローバル競争から距離を置こう」という論者は、世界の現状と日本の位置づけを把握していないか、日本の国民全体の得失を考えていないかのどちらかだと思える。私は次のように反問したい。

アフリカ、中韓はじめ世界の多くの国が、グローバル化に乗って発展してきた事実を把握しているか。日本のグローバル化が（中韓や中東に比べ）遅れている現実を知った上で、日本はその波に乗るなと主張しているのか。

中韓の経済発展は、英語とコンピュータに強い人材の大量養成と海外進出が大きい。日本の中高の英語や数学の教育は、近年中韓から見て遅れている。もっと遅れていいのか。

「清い孤立」では日本の次世代が沈むことに責任を取れるのか。それとも、努力を怠っても日本はいつもイチバン、世界の先頭なのか。

「世界があって自国がある」という、世界との関わりの意識が、日本はすでに他国より薄い。この傾向がもっと進んでいいのか。

日本の次世代が、「指示どおり黙々と働くから都合よい」と、米中韓のエリートたちから使用人のようにみなされてもよいのか。

これは「思想」論争ではない。国の浮沈が、次世代の幸不幸がかかった現実の問題なのだ。世界各国が入り乱れしのぎを削る接戦で、日本はその中にいるワン・オブ・ゼムなのだが、日本人はそこがぴんと来ない。日本は競争を超越した「別格」、「上座」を保証されている、目の色変えることはないとの思いがあるようだ。

「グローバル化を日本は器用にやりすぎた、もういい」という錯覚が日本で増えることで、日本社会では何が起こっているか。二つあると思う。

一つ目は「世界があって日本がある。一国では生きていけない」「自分の毎日の生活も仕事も、世界の動向に左右されている」という、中韓を含めた「世界の常識」が、日本では希薄になってきていることだ。二つ目は、高くアンテナを立てて遠くまで見、世界の潮流をとらえ、独善に陥らず進歩する姿勢が弱くなっていることだ。

要は、国際感覚が弱くなっている。日本は（韓国の識者が言ったような、明治大正や戦後日本の繁栄を築いた先人がそうであったような）「開化派」では、もはやなくなってきているのだ。

†「町のネズミ」「きょろきょろ」こそ発展の動力

中東ドバイ勤務時代、日本人を世界で最も尊敬するという要人が、私にこう語った。「世界の本流と離れて生きる、清く正しい人になるな。それは国の衰退を意味する。メーンステージの上に立ち泥まみれになってこそ、国の発展がある」。これは胸に響いた。日本の短所をついていると思った。

イソップの「町のネズミと田舎のネズミ」と似た話だ。のんびりした田舎で暮らす人がいて何の異論もない。だが国という単位では、生活に余裕のない大勢を支え底上げするには、大勢の町のネズミが必要だ。

猫や人間や車という「強者」の脅威にさらされながら、すばしこく賢く大きな利益を追求するエートスが必要だ。それは、外国という苛立つ異質の要素の中で生きることでもある。競争とストレスと異質な要素がない自然に戻るのは、知識人の高踏趣味には合うのかもしれないが、国としては衰退への道だ。

明治初年に「学問のすすめ」で福沢諭吉はこう述べた。人も国も本来同等であり、「貧富・強弱の有様《ありさま》は天然の約束に非ず、人の勉と不勉（学び努力するか否か）とに由《より》て移り変わるべきもの」（福沢諭吉『学問のすゝめ』）。

日本人は、「目の色をかえて勉強する時代は過ぎた」と錯覚し、「今後も日本はまずまず繁栄し、世界の尊敬を受けていける」とたかをくくっているのではないか。

丸山眞男は、「私たちはたえず外を向いてきょろきょろして新しいものを外なる世界に求めながら……」（「原型・古層・執拗低音」『日本文化のかくれた形《かた》』岩波現代文庫所収）と表現した。近年これが気に入らない向きが多いらしい。

「世界のどんな国民よりもふらふらきょろきょろして、最新流行の世界標準に雪崩を打って飛びついて、弊履を捨つるが如く伝統や古人の知恵を捨て、いっときも同一的であろうとしないほとんど病的な落ち着きのなさ」（内田樹『日本辺境論』新潮新書）

日本は「きょろきょろして」おらず、「最新流行の世界標準に飛びついて」いないのが実態だ。近隣二カ国と比べるだけですぐ見えることだ。格好よくないからいやという話ではない。どの国もみな必死なのだ。従来知識と情報から疎外されていた国々が、グローバル化の中で「きょろきょろ」と情報を求め、努力と工夫でキャッチアップしているのだ。

一九一一年の夏目漱石の講演「現代日本の開化」は、明治以来日本の開化は「外発的」であり「皮相上滑りの開化である」としつつ、「しかしそれが悪いからおよしなさいというのではない。……涙をのんで上滑りに滑っていかなければならないというのです」と結ぶ。「上滑りはやめよう」ではない。和漢の古典に通じた英語の達人、欧州もアジアもその目で見た漱石の見識だろう。

2　行政アップデートへの抵抗感

†行政の役割と感染症

前章で、中韓がグローバル時代に沿うシステム（行政、経済、教育、インフラ等）を強化している実態を見た。既存システムから脱却できない日本の姿も浮かびあがった。

自由・民主国家の基本は、「権力の行使」「政府の活動」に抑制的であることだ。国民の権利・自由を（たとえば身体や移動や経済活動を）行政は恣意的に制限できない。すべきでない。そこまでは正しい。

だが、犯罪防止、消防、テロ防止、国防のため各国はふだん行使しない「物理力（暴力）」を制度化しており、必要なときは使用する。慎重で公平な司法手続きの中で、人は法律によって身体・財産の自由を奪われもする。地震・台風・火山等の災害時、日本も通常と違う態勢を組んで（中央・地方の連携、自衛隊派遣等）救助や支援にあたる。「自然体」ではないスキームで臨む。社会の変化により、国民に対し従来なかった規制を課すこともある。大気汚染、水質汚濁、騒音、悪臭、振動防止のため法律が企業活動に新たな義務を課したのは、一九六〇年代終わりにさかのぼる。

感染症も、人類への大きな脅威として想定外ではなかった。ビル・ゲイツが二〇一五年の講演で「今後世界に大災をもたらすのは、ミサイルや核兵器でなくウイルスだ」と予言し、スペイン風邪やエボラ熱に触れ、人類が軍縮に尽力し投資してきたのに比べ感染症にはあまりに無策だと強調したことはよく知られている。

民主国家が、侵略やテロに対すると同様、感染症の脅威に備えるのは当然のことだ。財産や自由の保護を確保しつつ、緊急時に平時と違うシステムを稼働させる法制度を整備し、国民の生命・健康への脅威に対処すべきであろう。

†行政チェックと危機対策

行政を厳しくチェックするという基本は、今後も維持されるべきだ。個人の自由や経済への規制は小さく限定的であるべきで、それが自由民主の根幹だ。ただし、古来戦争や侵略や犯罪に国家が備えたように、その後は災害やテロや環境破壊にも備えてきたように、個人やコミュニティーが対応できないものは、法律で対処ルールを定め行政が執行する必要がある。国家は、国民の生命と安全と幸福を守る責務がある。非民主国では制約が少なく、民主国家では人権や手続きの点で考慮すべきことがやや多いという差だ。テロであれ感染症であれ、新たな脅威に直面すれば、民主国家も行政を強化してこそ対処できるのだ。

平素と異なる緊急事態ということで、しばし防災と比較してみたい。

私の釜山勤務時代、日本の防災体制を現地調査した韓国の研究者が感心していた。「日本はすばらしい。防災は、国にばかり頼らず地元のコミュニティーでできることをやるという覚悟と準備がある。日本は昔から地域でそうやってきたのでしょう。何でも国を頼り、何かが起こると国を批判する韓国とは対照的です」。

誇らしいことだ。先に述べたように日本は既存システムへの信頼度が高い上に、地域レベルでは、国に依存せず小さなシステムを作りさえするのだ。

だが感染症は、地域コミュニティーの単位では対処できない。市や県の枠をはるかに超え、他国の動向をも把握した国家単位の対処が必要だ。今回のコロナなどは前例のないことゆえ、既存システムを前提としては対処できない。同様に、二〇世紀後半の日本システムは精緻な成功作であったにしても、永遠のものではない。

コロナ対策について、韓国の世論は「徹底した措置を速く」と求め、日本はその反対の傾向があった（前章）。ただ、それは私が言う「行政・国家への姿勢」の問題の一部でしかない。ことは緊急時の国民生活への規制・介入だけではない。前章第1、2節でみた中韓の「行政の強化・アップデート」の平時の努力を少しだけあげてみる。

・教育（グローバル時代が求める人材と、世界で活躍するマインドの育成）
・グローバル化時代に生き残る戦略としての大プロジェクト（WTO加盟、釜山港開発）
・ビジネス効果や世界での影響力強化を念頭に置いた、国の文化・スポーツ支援

また官のみならず「民」が、「世界があって自分がある」と明確に認識し、海外志向と内外の熾烈な競争に自らの身を投じているさまがあった。ビジネス、英語学習、映画はじめエンタメ産業、スポーツ、子供の習いごと、外国要人の招聘などの例を見た。

韓国は、小さい国内市場だけではビジネスが成り立たないことが、子供や老人を含めた国民の常識になっている。中国は、「傲慢、自己中心」との印象とは矛盾するようだが、大方の人は「劣後した中国」「海外から学ぶ必要」を強烈に意識している。両国とも、「自分たちの日々の生活もビジネスも行政も、世界の動向の影響を強く受けている。その中で

日々進化強化しなければ生き残れない」との意識が日本とは比較にならないくらい強い。この意味で、世界を意識している度合いが高い。

†既存システム、グローバル化、国家

さてここから、平時緊急時を問わず、日本は行政という国家作用を中韓に比べアップデートできておらず、世論もそれを求めないのはなぜかという点について考察してみたい。

これには四つの要因があると思う。このうちまず三つについて述べる。

第一に、日本の官民が作った優秀なシステムへの強い自負だ。第二次大戦後から二〇世紀後半ほぼいっぱいまで、奇跡的な経済発展だけでなく、格差が小さく社会の深刻な問題が少なく海外支援にも熱心な国作りに成功した。九〇年代初めまでは外の世界に目が開けていた。誇らしいと私も思う。しかしかつて成功したゆえに転換しにくい。

ビジネスが韓国や中国に追いつかれ、追い抜かれても、「イヤイヤ日本はこんなものではない」、「連中はモノマネかズルいだけ」と思いがちだ。自分たちのやり方に根本的なメスを入れることをせず、中韓の大幅な伸びの分析も怠りがちだ。ビジネスにも国家機能（行政）にも同じことがいえる。

第二に、日本はグローバル化に適応し最先端を行く国だという錯覚だ。これは前節で見

たとおりだ。もし客観的な認識があれば、「これではいけない。行政もビジネスも教育も改善・強化しなくては」「中韓より遅れているではないか」とわかる。しかし、「日本は過剰にグローバル化しすぎたのでブレーキをかけよう」と反対方向の意識が働いてしまう。

第三に、戦後日本のやや行き過ぎた「国家への不信、懐疑」であり、「国家は国民生活に介入しないのがよい」という発想だ。

私の世代は、物心ついてから大学時代まで、国家ないし行政への懐疑が社会の主流だったし、教育の場でも陰に陽にそのインプットがあった。「官は民（国民生活）に介入するな、余計なことをするな」という哲学ないし信念である。これは第二次大戦にいたる国家主義、政府や軍のあやまった方向づけへの反省ということが大きい。国家が強くなりすぎて戦争が始まり、そして敗戦に至ったということへの反省は必要だった。ただ、必要な行政ないし国家の作用についてまで「あつものに懲りて膾を吹く」傾向が強いままだ。「自然体に任せる」ではうまくいかないのだ。

実務的な例を一つあげたい。二〇二〇年一二月下旬、私は韓国から成田空港に着いた。この時期韓国の感染はやや増えていたのだが、成田ではPCR検査がなく、検温すらなかった（自動の検温機を設置せず、自己申告のみだった）。各国の入国措置に比して、やるべきことをやっていない感があり、日本は、「行政が人に負担を課すのはよくない」との発想が強すぎると思った。外国からの入国者は、これを見て日本に対して不安を抱く。その程度の検査は入国者に課し、日本がコロナにしっかり対処していることを示すべきで、それが国際社会で評価を得る道なのだが。

「行政の介入は少ないほどよい」という古い発想が日本人の心の片隅にあるのだろう。加えて「入国する人たちは日本をどう感じ、評価するか」という〈ソトとウチの感覚差〉〈各国比較で日本も評価の対象になっていること〉が視野に入らなかったのだろうか。

中韓はじめ世界の多くの国が、二一世紀のニーズに応じて行政各方面を日進月歩で強化する中、日本は作業を怠り、相変わらず近隣国を見おろし、行政アップデートが進まず、世界に通用する人材育成が遅れた。さらにはコロナ対策の過程で「給付金をオンライン申請できない」「感染者集計が手作業のためミス続出」など、日常のごく基礎的な行政能力も、他国に比し低くなっている面がある。なお、行政能力強化のために財源が、ひいては経済成長が必要なのは、論をまたない。

3　中韓への憤懣、「無視」と日本の得失

†憤懣のあまり中韓の実態把握が弱化

「日本はなぜ行政アップデートに後ろ向きか」について、ここまで三つをあげてきた。〈優秀なシステムへの自負〉〈グローバル化への斜に構えた姿勢（国際感覚の衰退）〉〈過剰な国家不信〉だ。

そして最後の四つ目は、本書第1〜3章とつながり、本書全体の核心の一つでもある。日本は、中韓への憤懣がつのるあまり、この両国の実相を客観的に把握する力が弱くなっていると、この十数年間私は感じている。外交問題では「仲良くやる」だけでなく時に厳しい姿勢を示すことが必要だ。だが、外交以外で中韓全体を嫌悪しまるごと「無視」すると、日本の羅針盤が少しおかしくなる。

日本にいると、中韓両国について報道されるのは外交・安保とくに対日外交が多く（最近は米中対立だろうが）、日本から見ればとんでもないこと、憤懣やるかたないことが多い。憤懣には十分理由がある。抑えてくれとは思わない。中韓との外交はいうまでもないし、軍事面でも、中国に対する警戒と注視が高まっている。

それはいい。いや、それでいい。中国の国家運営には深い問題もある。ただ一律の中韓否定で、彼らの経済、技術、教育、それを支える各方面の行政強化というノーマルな成長に目が向かなくなっている。これは、日本にとって損失だ。

中韓のみならず世界中どの国も、課題に呻吟《しんぎん》し、必死に海外の例から学び、議論を重ねながら、国家公共のスキームを強化・アップデートしている実情が、日本人にはぴんとこなくなっているようだ。「みな同じ苦労」とわかれば、互いに学ぶ姿勢になろう。

グローバル化の波にうまく乗り、成功している典型例が中韓二国だと、日本人も直感はしている。だが、外交安保で腹立たしい国であり、彼らを評価したくない心理が働く。

今世紀初めに韓国ビジネスへの評価を新聞でよく見たが、この一〇年ほどはあまり聞かなくなった。国力拡充に「なりふり構わず」「どん欲な」中韓に対し、日本は同じレベルじゃないぞという心理もあるのかもしれない。

中国について、日本は「相手の弱点を笑い、それで安心する傾向」がある。問題山積で呻吟しつつ巨体を前に進める中国。その成長発展は脅威だ。だが相手には弱点も多いので、「なんだ、中国はまだそんなレベルなんだ」と安心し、心配を相殺しようとする。

別の角度から述べよう。一九九〇年代中頃まで、欧米諸国は中国についての情報と見解を日本に求めてきた。各国がわが外務省を来訪し中国について多様な質問をしてきたのを、若輩だった私も覚えている。質問は外交に限らず、中国の内政、経済、社会、文化、思想、歴史、人物に及んだ。日本には戦前からの中国研究の蓄積があり、ビジネスが各地に進出し、漢字文化もあり、日本が比較優位にあったのだろう。しかし近年こういうことはあまり聞かない。中国の分析について日本の優位はなくなったのだろう。総合的な中国理解でもう少し一目置かれるような日本であってほしい。韓国についても同様だ。

相手の欠点だけ見てはゲームを戦えない

中韓の多様な実像を把握するのでなく一律に否定的な印象を形成してしまっては、彼らの国力伸長の中核にある、グローバル化への国を挙げた長期的な努力から目をそらせてしまうと述べた。それにより、日本自身がグローバル化する努力の必要にまた目が向かなくなる。さらには、中韓の各方面での努力、真の実力、脅威から目をそらせてしまうという弊害もある。中国に厳しいつもりでいるかもしれないが、中国に甘いのだ。

中韓への憤懣を日本はうまくコントロールできず、結局は自分の利益をも損傷していると私は思う。短所とともに相手の長所や発展に注目し分析するのが、日本自身のためだ。

ビジネスにたとえていえば、(自社との規模の差はあっても)ライバル企業についてはおよその特徴を知っているものだ。苛立たしい存在だし、不法不適切な権利侵害や営業妨害があれば戦うが、ライバルの長所はよく知っているし感心することもある。彼らのビジネス戦略についてもおよそ見当がつく。でないとゲーム(市場や取引関係の中)で戦えない。ライバル企業の短所だけを見て笑い、その長所からは目をそらす——それはどう見ても合理的な行動ではなかろう。

国と国の関係では、「外交以外」（ビジネス育成、行政アップデート、教育、インフラなど）も重要なのだ。これが国力を日々形成する主エンジンだ。

外交の巧拙も中長期的には国力浮沈に大いに影響してくるが、外交は基本的に現在の国力（経済力、軍事力等）を前提にした作業だ。まずはこの主エンジンを強化し改善すべく力を結集すべきで、それには「外から学ぶ」ことがぜひ必要だ。国力が充実するかやせ細るかで外交の幅も大きく変わってくる。

†中韓へのスタンス――外交安保関連とそれ以外を区分

外交は犠牲にできない。だが、国力の他の主要な柱にマイナスの影響が及ぶこともできるだけ避けたい。

「グローバル化についての斜に構えた姿勢」「日本だけが競争を超越したかのような唯我独尊」という好ましくない傾向は何度も述べた。日本が、中韓の行政、教育、技術の進化にしっかり目を向けていないことが、この傾向を助長している。彼らがグローバル化に乗って人材育成、行政強化を進めていると直感ではわかり、「お、中韓はこんなにやっているぞ。日本がそれ以下というのは話にならない」という気づきの機会が、いくらもあったはずだ。だが実際には、「まだこんなに遅れているのか」と中韓の欠点を笑い、「日本は中韓とは違う。あくせくしなくても」と、努力を怠ったのではないだろうか。

さて、では中韓両国にどんなスタンスで臨めばよいか。私は中韓に関する業務一六年の後に日中韓協力事務局で勤務し、一つのカギを見いだした気がする。

それは、〈外交安保・その関連〉と〈それ以外〉を分けて考えることだ。後者は、本質的対立を含まない分野だ。

外交安保は一国の生存の根幹であり、二国関係の根幹でもある。他方、他の分野の行政——貿易・経済、環境、観光、防災、感染症、教育、特許、文化等は、近隣国との連携・情報交換・協議が必要だ。

コロナ下でも、二国間の外交関係が良好でなくても、日中韓スキームで多くの大臣級会議が行われ、実務協力が進んでいた。外交とは別のフィールドで協力ニーズがある。

「そう単純に区別できるか」との声はあろう。例えば貿易・投資については利益が衝突し対立することが少なくない。国家安全保障にかかわる案件もあり、技術情報の流出・濫用は厳しく警戒すべきだ。他方、貿易・投資は全体として、双方のビジネスが実利を追求できるルール構築を（マルチと並行して）二国間で行うものでもある。こちらもプロであり、で会って話せば先方に「いいとこ取り」されるわけではない。意見交換を通じて得ることは多い。「放っておく」「こちらの視野の外でことが進む」のでなく「かかわっていく、影響力を及ぼしていく」のがよい。

教育、科学技術、情報、エネルギー等についても、国家安保や国家間の対立につながる場合はある。同時に、すべてがそうではない。

各分野の専門家である日本のお役人の中には、「マルチ以外では日中韓スキームが最重要。国際舞台でものごとを動かす梃子《てこ》になる」と言う人もいる。役所にもよるが、イヤイヤでなく日本の実利を見出して積極的に活用する姿勢が見える。

民間についても同様、交流を進めていただければと思う。日本側が得るメリットは大きい。技術情報等注意すべき点はあるが、全体に腰が引けてしまうのは得策でない。

外交安保についての韓国に対する懸念が多く、日本の国民感情が韓国嫌悪に向かった。そこには理由があった。だが、外に目が開き国益に資する行政強化や人材育成、ビジネスの積極的な海外進出と食い込みは、日本の利益のため、大いに学ぶべきである。彼らのほうがより汗をかき苦心した、日本はそれに比べれば怠慢があった。

日本が韓国に対するとき、外交・安保とそれ以外の彼らの発展を「足して二で割る、相殺する」のは最もよくない。両者は、別個のものとしてきっちり分けて考えるのがよい。「外交安保では韓国は理不尽で非合理的なことが多い。だから、彼らの発展進化の努力を探り参考にするのを控えよう」というのは、日本にとりマイナスだ。

別の発想もありうる。「韓国はビジネスや教育で成果を出し、日本へ観光にも来てくれる。だから外交安保の主張は控えめにしよう」。これも、とてもおかしなことだ。

どちらにもきちんと向き合わず、二つ別の話を混合しているだけだ。

外交安保の懸案はしっかり効果的に主張し（その前に深い分析をし）、対外広報や第三国の支持拡大も怠らない。他方、衝突のない行政各方面および民間各分野では、日本の政策展開や発信や情報取集のため、日中韓の協力・交流を積極推進するのが、日本の実利である。

†優等生がつまずいた歴史

私は日本の美質を誇らしく思う方だと思う。

協調性や匠の精神がよく口に上るが、進取と開化と公徳心が劣らず重要だと考える。韓国が一九世紀後半日本の影響を強く受けたこと、それを一言でいえば「開化」であった（五四頁）。日本を参考にし、開化思想による国づくりを試みた一派が韓国にいたのだ。

歌舞伎、茶道という伝統文化の大家から私は直接聞いた。「毎日の変化と進歩がなければ、伝統は守れない。新しいニーズを踏まえ、日々工夫を重ねる」と。

一九世紀半ばから二〇世紀初頭にかけての中国は、怠慢ばかり、唾棄すべき人ばかりであったわけではない。長年かけて築いた中国の政治・経済・文化・科学技術は砂上の楼閣ではなく実体であり、世界をリードする部分が少なくなかったのは周知のことだ。そのシステムにおいて尊敬できる人――知識人も経済人も技術者も――が各界各層に多かったのも、想像に難くない。

それでも中国は崩れてしまった。

中国文明の本家である中国。儒教秩序による統治体系では清より優等生であった韓国。優等生であったために古い価値観に拘泥し、西洋近代システムへの転換は遅れた。優等生でなく自由度があり、西洋の文物や技術をいち早く吸収した日本が大きく先行した。これもよく知られた歴史だ。

内外がよく見え、問題意識のある人が当時の中国にもいた。彼らが日本を訪れて感嘆し、中国は到底及ばないと悔しがったのが「開化」であり「近代国家」であった。明治中期の日本が西洋の新しい制度や技術を導入し、人が結集し、教育、産業、軍と国づくりが急速に進むさまは脅威であったろう。

一三〇年前の日本と中韓が入れ替わったと言いたいのではない。ただ、福沢諭吉の教えのとおり、国の貧富強弱に約束はなく、学習と努力次第で運命は変わる。浮上も沈下もする。そのことを想起したい。活力があり発展を続ける国のほうが、他国への影響力も大きいのは当然だろう。

中韓は、外交では「自国のためにも得策でないのに」と思うことが増えた。だがそれ以外、つまり経済、人材育成、科学技術、国際化などの面では、かみ合った歯車が盛んに回っている。中韓を見るときはこの二つをしっかり区分するのがよいと思う。

4　結び――そして日本の選択は？

†発展の中での後退――韓国と日本

本書の第1～3章では、韓国の実情をいろいろ紹介した。

道を教えてくれた人が日本人だとわかるや、ちっと舌打ちする人。日本大使館主催のイベントに「日本だろ、誰が行くか」という外交官。こういう国は、他にまずあるまい。

同時に、高校から日本語を学ぶ人が多く、日本語演劇、スピーチ、歌謡大会が盛んだ。「米韓同盟はあるが、経済では中国だ」と、米中の中間を志向し、大学院などでは「中韓が連携して日本をけん制すべき」との発想に傾いていた。その一方で、最近は厳しい中国観が増えてもいる。

これらはどれも隣国・韓国の姿である。

めざましい発展の中で問題・弱点が生じ、外国観や日本観が後退しているさまを描いた。

その根底には、第一に、国の急発展と格差拡大で、プライドと不安が混ざってやや不安定になった心理がある（例：「ぼくらはほとんど敗者」（三〇頁））。第二に、民主主義が発展する過程での国家像の揺れがある（例：「政府が国家関係を左右する時代は終わった。ビジネス等民間が交流さえすれば、日韓はうまくいく」（七六頁））。

経済力が急伸し国際的な地位も向上し、韓国国内には「民意で政権を倒した」「ノーと言える」高揚感がある。それゆえに、今の方向性ないし雰囲気にいわば絡み取られ、「旧時代」にはできた常識的なことが、かえってできないことがある。その典型が、日本への姿勢および外交である。かつては高い水準にあった安保意識や他国から学ぶ姿勢にも、陰りが出てきている。

事情も局面も違うのだが、発展の中で一部後退したという点で、日本も類似の課題を抱えているのではないか。八〇年代までの日本は進取の気性が強く、外から学び外へ進出もするアジアの最優等生だったが、この四半世紀でこの長所は大きく衰退した。後退から元に戻せるか、一時の変調でなく弱点が定着してしまうかが、問われている。国の根幹部分にかかわるものといえる。

また、第4〜5章で見たとおり、日本は、行政・国家の役割とグローバル化についての消極論が強く、その根には世界の動向と自国の位置についての誤解とおごり（良心が一部混じるにせよ）がある。中韓をはじめ世界の多くがグローバル化を活用して必死に国づくりを進める実情を知らず、自国の二一世紀型行政整備の遅れを直視せず、かえって「グローバル化に適応しすぎたので距離を置こう」と逆向きに噴射してしまう傾向がある。

そしてこの「日本は適応しすぎ」は、「日本人は韓国が好き。日韓は何の問題もない」というのと同じくらい、主観と客観のギャップが大きく、的外れなのだ。

また、中韓が抱く不正確な日本像はただしつつも、日本自身がもっと活力と魅力のある国になったほうがいい。切実にそう思う。「日本は中国韓国よりずっと内向きな国だ」との（アジアや中東の）指摘に、私たちは耳を傾けたほうがいい。日本にいるとわからないが、外で見て比較すると差は明白だ。「国際的な議論の場に日本だけ出てこない。人の招聘事業が日本は少ない。政府機関も企業も（自分たちに）働きかけてこない。韓国とは大差がある」と、欧米メディアが見ている（一五八〜一五九頁）ことに、注意を払いたい。

†アンテナを高く――中韓に、世界に

「日本の高校生は英語や数学はできないが、豊かな緑の中を走りまわってうらやましい。ぼくらはコンクリートの中で勉強ばかりだ」と、日本を訪れた中国の高校生は感じる。自分たちのほうが「都会」なのだ。韓国では、外交当局が、「一般国民に日本の重要性を説

明しても、うなずいてくれない」とため息をつく。

――大方の日本人の想像を超えるだろうが、これが今の中国・韓国だ。

中韓両国の発展や変化を知っておいたほうがいい。彼らの短所を笑って安心するのでなく、苦心の末ビジネスや科学技術を強化し、世界に通用する厚い人材ラインナップを育て、行政を強化してきたことに目を向けたほうが、日本の利益になる。

外交安保での怒りや憤慨はしごくもっともなのだが、中韓全体を「嫌だから見ない」「冷笑」は日本にとって好ましくない。彼らのノーマルな国力発展から目をそらすことになる(見方が甘いともいえる)し、日本の国際感覚ないし羅針盤にもずれが生じる。

日本はどうすればいいか。中韓に対し、「無理にうなずくか、キレるか、無視」ではなく、アンテナを高く張り、彼らの問題点と発展の秘訣の双方を注視し把握する。「中韓はモノマネだけ」ではなく、グローバル化に沿った厚い国際人材の育成、行政アップデート等により計画的に力を伸ばしてきたことを知る。外交安保では、問題ある言動や驚くような日本理解に対してはしっかり発信し働きかける。平素の深い分析を怠らない。外交安保と関連せず基本的対立のない分野では、官民ともに交流と情報交換を強化する。尊敬できる多くの人とつきあい、落ち着いて「違いますよ」とも言う。

――日本は第一に、そういう選択をすべきではないだろうか。

「韓国は（大阪人よろしく）自分が善良という前提が強い」と指摘した。「自分は善良」ゆえに相手の自分への失望や不満が見えず、客観情勢を見失いもする。日本は、それとは別の「自分は善良という前提」が足を引っ張っているのではなかろうか。

韓国との間に巨大なギャップを感じても、「ハイ」とうなずいてしまうか、「言わなくてもわかる」と思うか、「放っておけばいい」「遠くからツバを吐けばいい」になるかだ。良い意味で「悪い人」なら、腹立たしくてもうまくいかなくても、一〇年かけても、しつこく相手に働きかけるだろう。

なお、一時「日韓双子論」が唱えられた。一人当たりGDPが接近し、共に少子高齢化に悩むという事実は知っていてよい。ただ、日韓のつきあい方として、私は、日韓は対照的だと言えるほどに「違う」ことを強調したい。そのほうが建設的なコミュニケーションを維持できる。「似ている」と信じて大きなギャップに気づくと、ショックが大きい。

中韓二国がグローバル化の波に乗り、行政を強化し、大幅に国力を伸ばした典型例だと、私たち日本人は気づきつつも、直視を避けている。

中韓に対してだけのことではない。資源大国も人口大国も技術の強い国も、それだけで「勝てる」わけでなく、必死に奮闘している。日本が経済、文化、技術、教育、学術どの分野でも最先端にいるわけではない。技術力が高いのは日米独だけではない。かつての低開発を脱し、グローバル化の波に乗り発展した国は非常に多い。

「日本がイチバン。他はモノマネか石油だけ」「日本は特別。目の色変えなくていい」はおごりだと気づく。各国入り乱れるつばぜり合いの接戦において、日本はワン・オブ・ゼムだ、世界がある中の日本だとの客観的な世界観を持つ。グローバル化に背を向けず、世界に通じる人材の育成、社会全般の国際性向上を進める。国家・公共は他人事でない、十年後の国民の幸不幸を左右するカギだと知り、海外事例を学びつつ行政をアップデートする。


――日本は第二に、そういう選択をすべきではないだろうか。

†日本の選択はラクではない――隣国、世界のダイナミズム

思うに、日本はこれまで、中韓に対しあまりに「ラク」をしてきたのかもしれない。

この三〇年、中韓両国は、急速に国力を伸ばし高揚感があると同時に、自分が当惑するほどに面貌を変え、多くの深刻な課題を抱え、呻吟してもいる。彼らもラクではないのだ。この二国を隣国に持つ日本としても、以前の外交の微調整ですむわけではなく、そうラクではないはずだ。

中韓は、顔かたちは似ていても、日本と根本的に違う発想、違うシステムだ。ごく個人的な交流は別として、ストレスのある付き合いになるのは避けられない。

しかし私たちは、長い間、隣国とはストレスフリー、ラクに付き合えるとの思いがあったのでないか。相手が何を言ってもうなずけばいいとか、逆に、相手を無視し短所を笑っていればいいとか。そんな都合のよい予定調和はありえないのだが。

めざましい発展を遂げた韓国だが、「国力の落ちた日本。もう気をつかうことはない」、「軍国主義。さらに右傾化」、「韓日は〈善と悪〉の関係」等、驚くような日本観が今もある。私たちは、沈黙するのでなく、キレるのでなく、客観的な日本理解を促し、粘り強く働きかけたほうがよい。

古来日本の発展において、中韓とのかかわりが非常に大きな要因だったことは皆知っている。文物を教わり、長い交流が続き、戦争も支配もした。ほぼどの時代においても重要な相手であったし、厄介な相手でもあった。対立もし、厳しい関係をマネージしつつ日本は実利を追求してきた。重要というのは相手に沿うというわけでは全くない（もう繰り返さなくてよいだろう）。

近年は中韓への憤懣や嫌悪が増えているが、ストレス前提であれば、もう一歩前に出て、相手に何かを伝えたい、日本についての誤解も修正したいとの作業に進めるのでないか。

そのため相手の発想を把握するのも、当然の作業だろう。

中韓は軽く「流す」にはあまりに重要な存在であり、しんどいプロセスを覚悟したほうがよい。世界どこでも、隣国との付き合いというのはそうなのかもしれない。

以上中韓について述べたことは、国際社会における日本社会のあり方にも通じる。異質な要素を排除し世界のダイナミズムに背を向けていては、発展も魅力も支持もない。しんどい過程を覚悟で、間口を広く構えて色々な人に働きかけ、耳を傾け学びつつ無用の妥協はせず、一〇年かけて理解と味方を増やしていく。愛国心の軸を持つ、開明的で国際的で活気ある日本社会を築いていく。

――日本は第三に、そういう選択をすべきではないだろうか。

ちくま新書
1679

韓国《かんこく》の変化《へんか》 日本《にほん》の選択《せんたく》
——外交官《がいこうかん》が見《み》た日韓《にっかん》のズレ

二〇二二年八月一〇日 第一刷発行

著者 道上尚史（みちがみ・ひさし）
発行者 喜入冬子
発行所 株式会社 筑摩書房
東京都台東区蔵前二-五-三 郵便番号一一一-八七五五
電話番号〇三-五六八七-二六〇一（代表）
装幀者 間村俊一
印刷・製本 株式会社 精興社

ISBN978-4-480-07500-0 C0231

ちくま新書

1565
歴史認識 日韓の溝
――分かり合えないのはなぜか
渡辺延志
日本人が当事者でありながら忘れ去った朝鮮の民衆の苦難の歴史。その真相を新たな研究成果や資料をもとに探りつつ、日韓歴史認識の溝を埋める可能性を考察する。

1503
元徴用工 和解への道
――戦時被害と個人請求権
内田雅敏
日韓関係に影を落とす元徴用工問題。解決済とする日本政府も補償を求める彼らの個人請求権は認めている。戦後75年間放置されている戦時被害を直視し和解を探る。

1483
韓国 現地からの報告
――セウォル号事件から文在寅政権まで
伊東順子
セウォル号事件、日韓関係の悪化、文在寅政権下の分断……二〇一四～二〇年のはじめまで、何が起こり、人びとは何を考えていたのか？ 現地からの貴重なレポート。

1075
慰安婦問題
熊谷奈緒子
従軍慰安婦は、なぜいま問題なのか。背景にある戦後補償問題、アジア女性基金などの経緯を解説。特定の立場によらない、バランスのとれた多面的理解を試みる。

977
現代《ヒュンダイ》がトヨタを越えるとき
――韓国に駆逐される日本企業
小林英夫
金《キム》英善《エイゼン》
ものづくりの雄、トヨタ。その栄華はピークを過ぎたのか？ 日韓企業のあいだで起きている大変化を検証しながら、日本企業が弱体化した理由と再生への道筋を探る。

1638
北朝鮮外交回顧録
山本栄二
拉致被害者の帰国はいかにして実現したのか。一九九〇年の金丸訪朝から二〇〇二年、〇四年の二度の小泉訪朝までの北朝鮮外交に従事した外交官による回想録。

1236
日本の戦略外交
鈴木美勝
外交取材のエキスパートが読む世界史ゲームのいま。「歴史」の和解と打算、機略縦横の駆け引き、舞台裏で支えるキーマンの素顔……。戦略的リアリズムとは何か！

ちくま新書

1223
日本と中国経済
——相互交流と衝突の一〇〇年
梶谷懐
「反日騒動」や「爆買い」は今に始まったことではない。近現代史を振り返ると日中の経済関係はアンビバレントに進んできた。この一〇〇年の政治経済を概観する。

1220
日本の安全保障
加藤朗
日本の安全保障が転機を迎えている。「積極的平和主義」とは何か？ 自国の安全をいかに確保すべきか？ これらの点を現実的に考え、日本が選ぶべき道を示す。

1345
ロシアと中国　反米の戦略
廣瀬陽子
孤立を避け資源を売りたいロシア。軍事技術が欲しい中国。米国一強の国際秩序への対抗……。だが、中露蜜月の舞台裏では熾烈な主導権争いが繰り広げられている。

1601
北方領土交渉史
鈴木美勝
「固有の領土」はまた遠ざかってしまった。歴代総理や官僚たちが挑み続け、ゆっくりであっても前進していた交渉が、安倍外交の大誤算で後退してしまった内幕。

1498
香港と日本
——記憶・表象・アイデンティティ
銭俊華
二〇一九年から続くデモ、中国大陸の同化政策、日本のサブカルチャーの受容や大日本帝国の記憶……香港出身の研究者が香港の現在と「日本」を考察する。

1577
香港危機の７００日 全記録
益満雄一郎
大規模な抗議デモに発展した香港の民主化運動。中国共産党は「国家安全法」を導入し、香港は「沈黙の街」と化した。その過程を鮮烈な筆致で描いたドキュメント！

1669
台湾流通革命
——流通の父・徐重仁に学ぶビジネスのヒント
佐宮圭
ローカライズによる商品開発、ＩＴでの近代化など、物流を戦略的に進め、ついに台湾セブン・イレブンを店舗数世界三位に成長させた、台湾流通の父・徐重仁とは？

ちくま新書

1431
習近平の中国経済
――富強と効率と公正のトリレンマ
石原享一
対米貿易戦争と成長鈍化で中国経済は重大な転機を迎えている。なぜ改革は行き詰まっているのか。中国は凋落していくのか。中国経済の矛盾を見つめ今後を展望する。

1394
日本が外資に喰われる
中尾茂夫
「資産の壮大な歴史的移転」はなぜ起きたのか。転換点となった不良債権処理ビジネスの力学を解明し、「失われた30年」が物語る日本社会の仕組みを描く。

1622
グローバリゼーション
――移動から現代を読みとく
伊豫谷登士翁
ヒト、モノ、カネが国境を越えて行き交う現代世界で、なぜ自国第一主義や排外主義が台頭するのか。グローバル化の根本原理を明らかにし、その逆説を解きほぐす。

1587
ミャンマー政変
――クーデターの深層を探る
北川成史
二〇二一年二月、ミャンマー国軍がアウンサンスーチー国家顧問らを拘束した。現地取材をもとに、この政変の背景にある国軍、民主派、少数民族の因縁を解明かす。

1572
現代ロシアの軍事戦略
小泉悠
冷戦後、弱小国となったロシアはなぜ世界的な大国であり続けられるのか。メディアでも活躍する異能の研究者が戦争の最前線を読み解き、未来の世界情勢を占う。

1512
香港とは何か
野嶋剛
選挙介入や国家安全法の導入決定など、中国の横暴がすさまじい。返還時の約束が反故にされた香港。若者中心の抵抗運動から中米対立もはらむ今後の見通しまで。

1372
国際法
大沼保昭
いまや人々の生活にも深く入り込んでいる国際法。「生きた国際法」を誰にでもわかる形で、体系的に説き明かした待望の入門書。日本を代表する研究者による遺作。

1521
ルポ 入管
――絶望の外国人収容施設
平野雄吾
「お前らを日本から追い出すために入管(ここ)があるんだ」。密室で繰り広げられる暴行、監禁、医療放置――。巨大化する国家組織の知られざる実態。

985
中国人民解放軍の実力
塩沢英一
膨張する中国の軍事力に対する警戒感が世界で高まっている。領土領海への野心も小さくない。軍幹部の証言や独自入手した資料で不透明な人民解放軍の実像に迫る。

1292
朝鮮思想全史
小倉紀蔵
なぜ朝鮮半島では思想が炎のように燃え上がるのか。古代から現代韓国・北朝鮮まで、さまざまに展開されてきた思想を霊性的視点で俯瞰する。初めての本格的通史。

1658
愛国の起源
――パトリオティズムはなぜ保守思想となったのか
将基面貴巳
フランス革命の反体制思想は、いかにして保守の「愛国」思想を生んだのか? 古代ローマにおける起源から明治日本での受容まで、その思想的変遷を解き明かす。

1080
「反日」中国の文明史
平野聡
文明への誇り、日本という脅威、社会主義と改革開放、矛盾した主張と強硬な姿勢……。驕る大国の本質を悠久の歴史に探り、問題のありかと日本の指針を示す。

1653
海の東南アジア史
――港市・女性・外来者
弘末雅士
ヨーロッパ、中国、日本などから人々が来訪し、交易や植民地支配を行った東南アジア海域。女性や華人などを通して東西世界がつながった、その近現代史を紹介。

1664
国連安保理とウクライナ侵攻
小林義久
5常任理事国の一角をなすロシアの暴挙により、安保理は機能不全に陥った。拒否権という特権の成立から、国連を舞台にしたウクライナ侵攻を巡る攻防まで。